Polyglott-Reiseführer

Schottland

Bernd Müller

Polyglott Verlag München

Langenscheidt Mini-Dolmetscher Englisch

Allgemeines

Guten Morgen.	Good morning. [gud **moh**ning]
Guten Tag. (nachmittags)	Good afternoon. [gud after**nuhn**]
Hallo!	Hello! [häl**loh**]
Wie geht's?	How are you? [hau **ah**‿ju]
Danke, gut.	Fine, thank you. [**fain, θänk**‿ju]
Ich heiße ...	My name is ... [mai **nehm**‿is]
Auf Wiedersehen.	Goodbye. [gud**bai**]
Morgen	morning [**moh**ning]
Nachmittag	afternoon [after**nuhn**]
Abend	evening [**ihw**ning]
Nacht	night [nait]
morgen	tomorrow [tu**morr**oh]
heute	today [tu**deh**]
gestern	yesterday [**jes**terdeh]
Sprechen Sie Deutsch?	Do you speak German? [du‿ju spihk **dschöh**mən]
Wie bitte?	Pardon? [**pah**dn]
Ich verstehe nicht.	I don't understand. [ai **dohnt** ander**ständ**]
Würden Sie das bitte wiederholen?	Would you repeat that please? [wud‿ju ri**piht** ðät, **plihs**]
Langsamer bitte!	Could you speak a bit more slowly, please? [kud‿ju spihk‿ə bit moh **slouli plihs**]
bitte	please [**plihs**]
danke	thank you [**θänk**‿ju]
Keine Ursache.	You're welcome. [joh **wäll**kamm]
was / wer / welcher	what / who / which [wott / huh / witsch]
wo / wohin	where [wäə]
wie / wieviel	how / how much [hau / hau **matsch**]
wann / wie lange	when / how long [wänn / hau **long**]
warum	why [wai]
Wie heißt das?	What is this called? [**wott**‿**is** ðis **kohld**]
Wo ist ...?	Where is ...? [**wäər**‿is ...]
Können Sie mir helfen?	Can you help me? [kän‿ju **hälp**‿mi]
ja	yes [jäss]
nein	no [noh]
Entschuldigen Sie.	Excuse me. [iks**kjuhs** mi]
rechts	on the right [on ðə reit]
links	on the left [on ðə left]

Sightseeing

Gibt es hier eine Touristen-information?	Is there a tourist information? [is‿ðər‿ə **tuə**rist infəmehschn]
Haben Sie einen Stadtplan / ein Hotelverzeichnis?	Do you have a city map / a hotel guide? [du‿ju häw‿ə **ßi**ti mäpp / hoh**täll** gaid]
Welche Sehenswürdigkeiten gibt es hier?	What are the local sights? [**wott**‿ə ðə **loh**kl **ßaits**]
Wann ist ... geöffnet?	When are the opening hours of ...? [**wänn**‿ah ði **ohp**ning auers əw ...]
das Museum	the museum [ðə mju**sih**əm]
die Kirche	the church [ðə **tschöh**tsch]
die Ausstellung	the exhibition [ði egsi**bischn**]
Wegen Restaurierung geschlossen.	Closed for restoration. [**klohsd** fə rästə**rehschn**]

Shopping

Wo gibt es ...?	Where can I find ...? [**wäə** kən‿ai **faind** ...]
Wieviel kostet das?	How much is this? [**hau**‿matsch **is**‿ðis]
Das ist zu teuer.	This is too expensive. [ðis‿is **tuh** iks**pänn**ßiw]
Das gefällt mir (nicht).	I like it. / I don't like it. [ai **laik**‿it / ai **dohnt laik**‿it]
Gibt es das in einer anderen Farbe / Größe?	Do you have this in a different colour / size? [du‿ju **häw**‿ðis in‿ə **diff**rənt **kal**ler / **ßais**]
Ich nehme es.	I'll take it. [ail **tehk**‿it]
Wo ist eine Bank / ein Geldautomat?	Where is a bank / a cash dispenser? [**wäər**‿is ə‿**bänk** / ‿ə **käsch** dispännser]
Geben Sie mir 100 g Käse / zwei Kilo ...	Could I have a hundred grams of cheese / two kilograms of ... [kud‿ai häw‿ə **hann**drəd grämms‿əw **tschihs** / **tuh kill**əgrämms‿əw ...]
Haben Sie deutsche Zeitungen?	Do you have German newspapers? [du‿ju häw **dschöh**mən **njuhs**pehpers]
Wo kann ich telefonieren / eine Telefonkarte kaufen?	Where can I make a phone call / buy a phone card? [**wäə** kən‿ai mehk‿ə **fohn**‿kohl / bai‿ə **fohn**‿kahd]

Notfälle

Ich brauche einen Arzt / Zahnarzt.	I need a doctor / a dentist. [ai **nihd**‿ə **dock**ter / ə **dänn**tist]
Rufen Sie bitte einen Kranken-wagen / die Polizei.	Please call an ambulance / the police. [**plihs** kohl ən‿**ämm**bjuləns / ðə pə**lihs**]
Wir hatten einen Unfall.	We've had an accident. [wihw **häd** ən‿**äck**ßidənt]
Wo ist das nächste Polizeirevier?	Where is the nearest police station? [**wäər**‿is ðə **niə**rəst pə**lihs** stehschn]
Ich bin bestohlen worden.	I have been robbed. [ai həw bihn **robbd**]
Mein Auto ist aufgebrochen worden.	My car has been broken into. [mai **kah** həs bihn **broh**kən **inn**tu]

Essen und Trinken

Die Speise-karte, bitte.	The menu please. [ðə **männ**ju plihs]
Brot	bread [bräd]
Kaffee	coffee [**koffi**]
Tee	tea [tih]
mit Milch / Zucker	with milk / sugar [wið‿**milk** / **schugg**er]
Orangensaft	orange juice [**orr**əndsch‿dschuhs]
Mehr Kaffee, bitte.	Some more coffee please. [ßəm‿moh **koffi** plihs]
Suppe	soup [ßuhp]
Fisch	fish [fisch]
Fleisch	meat [miht]
Geflügel	poultry [**pohl**tri]
Beilage	sidedish [**ßaid**disch]
vegetarische Gerichte	vegetarian food [wädschə**tä**riən fud]
Eier	eggs [ägs]
Salat	salad [**ßä**ləd]
Dessert	dessert [di**söht**]
Obst	fruit [fruht]
Eis	ice cream [ais **krihm**]
Wein	wine [wain]
weiß / rot / rosé	white / red / rosé [wait / räd / **roh**seh]
Bier	beer [**biə**]
Aperitif	aperitif [ə**pärr**ətihf]
Wasser	water [**woh**ter]
Mineralwasser	mineral water [**minn**rəl wohter]
mit / ohne Kohlensäure	sparkling / still [**spahk**ling / still]
Limonade	lemonade [lämmə**nehd**]
Frühstück	breakfast [**bräck**fəst]
Mittagessen	lunch [lanntsch]
Abendessen	dinner [**dinn**er]
ein Imbiß	a snack [ə‿**ßnäck**]
Ich möchte bezahlen.	I would like to pay. [ai‿wud **laik**‿tə **peh**]
Es war sehr gut / nicht so gut.	It was very good / not so good. [it‿wəs **wärr**i **gud** / **nott**‿ßoh **gud**]

Im Hotel

Ich suche ein gutes / nicht zu teures Hotel.	I am looking for a good / not too expensive hotel. [aim **luck**ing fər‿ə **gud** / **nott** tu ick**spänn**ßiw hoh**täll**]
Ich habe ein Zimmer reserviert.	I have booked a room. [ai həw **buckt** ə **ruhm**]
Ich suche ein Zimmer für ... Personen.	I am looking for a room for ... persons. [aim **luck**ing fər‿ə **ruhm** fə ... **pöh**ßns]
Mit Dusche und Toilette.	With shower and toilet. [wið **schau**ər‿ənd **toi**lət]
Mit Balkon / Blick aufs Meer.	With a balcony / overlooking the sea. [wið‿ə **bälk**əni / **oh**werlucking ðə **ßih**]
Wieviel kostet das Zimmer pro Nacht?	How much is the room per night? [**hau**‿matsch is ðə ruhm pə‿**nait**]
Mit Frühstück?	Including breakfast? [in**kluh**ding **bräck**fəst]
Kann ich das Zimmer sehen?	Can I see the room? [kən‿ai **ßih** ðə ruhm]
Haben Sie ein anderes Zimmer?	Do you have another room? [du‿ju **häw** ə**nað**er ruhm]
Das Zimmer gefällt mir (nicht).	I like the room. / I don't like the room. [ai **laick** ðə ruhm / ai **duhnt laick** ðə ruhm]
Kann ich mit Kreditkarte bezahlen?	Do you accept credit cards? [du‿ju əck**ßäppt** **krä**dit‿kahds]
Wo kann ich parken?	Where can I park the car? [**wäə** kən‿ai **pahk** ðə **kah**]
Können Sie das Gepäck in mein Zimmer bringen?	Could you bring the luggage to my room? [kud‿ju **bring** ðə **lagg**idsch tə‿mai **ruhm**]
Haben Sie einen Platz für ein Zelt / einen Wohn-wagen / ein Wohnmobil?	Is there room for a tent / a caravan / a camper? [is‿ðə **ruhm** fər‿ə **tänt** / ə **kär**əwən / ə **kämp**er]
Wir brauchen Strom / Wasser.	We need electricity / water. [wi **nihd** iläck**triss**əti / **woh**ter]

Allgemeines

Städtebeschreibungen

Routen

Editorial

Schottland ist bei vielen Leuten immer noch überwiegend Gegenstand von Witzen – Geiz und Männer in Röcken sind die bestimmenden Themen, hinzu kommen als Stichworte Dudelsack und Whisky. In Großbritannien sind die Schotten für ganz andere Dinge bekannt: zum Beispiel für die angeblich ungesundeste Ernährung, aber auch für ihr Streben nach politischer Eigenständigkeit – mit überwältigender Mehrheit sprachen sie sich 1997 für eine eigene Volksvertretung aus, die seit 1999 in Edinburgh tagt.

Aber nicht nur auf parlamentarischer Ebene bemühen sich die Schotten zusehends um Abgrenzung von England und Betonung einer eigenen Identität. Mit nichts kann man sie so ärgern wie mit der Einordnung der Kulturleistungen ihrer Vorfahren als „englische Literatur" oder „englische Architektur" – zwei Gebiete übrigens, auf denen Schotten Großes geleistet haben. – Wir haben es hier jedenfalls mit einem Land zu tun, das einerseits mit sozialen und politischen Problemen behaftet ist, von denen man in Kontinentaleuropa selten etwas hört, dessen Name aber andererseits bestimmte klischeehafte Vorstellungen auslöst. Das Verblüffende ist jedoch, dass Schottland fast alle Erwartungen erfüllt: Wer Dudelsackmusik, Schottenröcke und Whiskydestillen sucht, findet sie bei den Highland Games und am Malt Whisky Trail in Speyside zuhauf. Wer Einsamkeit, grandiose Landschaft und (relativ) unverdorbene Natur erwartet, wird ebenso wenig enttäuscht. Und wen es nach gebauter, ausgestellter und vorgeführter Kultur gelüstet, nach zivilisierten Genüssen jeder Art, der sollte sich nicht zuviel anderes vornehmen. Nur wer sich über geizige Hinterwäldler lustig machen möchte, muss mit Enttäuschungen rechnen.

Abenddämmerung an der Küste

Am Loch Torridon im Nordwesten

Im Naturschutzgebiet Loch Garten, Cairngorms

Der Autor

Bernd Müller
lebt seit vielen Jahren in Großbritannien und arbeitet dort als Übersetzer, Journalist und Reisebuchautor.

Land und Leute

Lage und Landschaft

Schottland umfasst das nördliche Drittel der britischen Hauptinsel samt umliegender Inselwelt (Hebriden, Orkney, Shetland). Edinburgh liegt etwa auf der Höhe von Kopenhagen und Moskau, die Nordspitze des schottischen „Festlands" auf der Höhe von Stockholm. Geologisch lässt sich Schottland in drei Regionen aufteilen: Die *Southern Uplands* bilden einen 70–80 km breiten Saum von Hügeln bis über 800 Meter Höhe, der sich von der englischen Grenze bis südlich von Edinburgh und Glasgow erstreckt. Die beiden Städte selbst liegen im zentralen Gebiet der *Lowlands*. Dieser von Südwesten nach Nordosten verlaufende Streifen ohne größere Erhebungen ist der fruchtbarste und dichtest besiedelte Teil Schottlands. Im Norden schließen sich die *Highlands* an, die wiederum durch die Verwerfung des Great Glen (Loch Ness, Loch Lochy und Loch Linnhe) unterteilt werden. Östlich davon, in den Eastern Highlands, verläuft die Gebirgskette der Grampians mit Gipfeln bis über 1300 Meter Höhe. Westlich und nördlich erstrecken sich die am dünnsten besiedelten Gebiete Großbritanniens mit spärlichem Bewuchs und den ältesten Gesteinsformationen in Westeuropa.

Klima und beste Reisezeit

Das schottische Klima ist im Westen atlantisch mild (dank der Ausläufer des Golfstroms), mit hohen Niederschlagsmengen und relativ geringen Temperaturschwankungen – es wird im Winter nicht so kalt, dafür aber im Sommer auch nicht so warm wie im Osten an der Nordseeküste, wo die Bedingungen rauher sind, aber Niederschläge deutlich seltener vorkommen. Die wenigsten Regentage verzeichnet die Gegend um Edinburgh mit durchschnittlich 175 im Jahr, die meisten (etwa 250 pro Jahr) erleben die Äußeren Hebriden.

Rasche Wetterwechsel

Damit muss man jederzeit und überall in Schottland rechnen. Aber „rascher Wechsel" ist natürlich nicht einseitig zu verstehen – die Regenstatistik täuscht darüber hinweg, dass beispielsweise auf den Hebriden kaum ein Tag ganz verregnet ist.

Die Hauptreisesaison liegt zwischen der zweiten Junihälfte und den ersten Septemberwochen, wenn die Tagestemperaturen öfter einmal deutlich über 20 Grad ansteigen. Die Zeit von Mitte Mai bis Mitte Juni und Ende September/ Anfang Oktober (außerhalb der britischen Schulferien) ist ruhiger, und man kann vor Winterstürmen einigermaßen sicher sein – im Nordwesten ist der Frühherbst oft die angenehmste Jahreszeit.

Natur

Mit Ausnahme einiger unzugänglicher Küstenstreifen und entlegener, unbewohnter Inseln kann man selbst die „wildesten" und am dünnsten besiedelten Teile Schottlands nicht eigentlich als naturbelassen bezeichnen. Forstwirtschaft, Schafzucht und Bewirtschaftung zu Jagdzwecken haben Flora und Fauna auch in jenen Gebieten verändert, die weitab von Besiedelung und Hauptstraßen liegen; hinzu kommt die zunehmende Belastung durch den Tourismus. Während die Lowlands und Southern Uplands vom Beginn ihrer Besiedelung an als geeignet für Ackerbau und Viehzucht erkannt und entsprechend genutzt wurden, herrschte in den Highlands bis zur Wende vom 18. zum 19. Jahrhundert (s. a. S. 14) weit gehend Subsistenzwirtschaft vor, die relativ geringe Eingriffe in die natürliche Landschaft erforderte – mit Ausnahme des Holzbedarfs, der schon früh den alten kaledonischen (nordschottischen) Forst dezimierte.

Man ist in Schottland nie weit vom Meer entfernt, und neben fast baumlosen Hügel- bzw. Gebirgsketten können Felsenküsten als die typisch schottische Landschaft gelten. Kein Wunder also, dass sich auf den Inseln und an den Küsten einige der bedeutendsten Seevogelkolonien Europas finden. Daneben versucht man in Naturschutzgebieten letzte Bestände einheimischer Tierarten, z. B. Wildkatzen, Otter und Fischadler, vor dem Aussterben zu retten.

Bevölkerung und Religion

Die alteingesessene Bevölkerung ist keltischen, angelsächsischen und skandinavischen Ursprungs. Diese Aussage ist ebenso wahr wie sinnentleert in einer Zeit, in der selbst auf den entlegenen Orkney-Inseln ein erheblicher Teil der „Einheimischen" nicht einmal einen schottischen Akzent vorweisen kann, geschweige denn eine Generationen zurückreichende Verbundenheit mit dem Land. Gerade die Auflösung althergebrachter sozialer Strukturen wird mit dafür verantwortlich gemacht, dass ausgerechnet die Highlands die höchste Selbstmordrate in ganz Großbritannien aufweisen.

Die presbyterianische Staatskirche, die Church of Scotland, gilt allgemein als Verkörperung des schottischen Volkscharakters: Ihr calvinistisches Ethos betont den Gehorsam gegenüber Autoritäten und den Wert von eigener Hände Arbeit, aber auch intellektuelle Eigenständigkeit. Trotz einer Staatskirche ist Schottland kein rein protestantisches Land. So gibt es alteingesessene katholische Gemeinden in Glasgow und Dundee sowie in den Highlands und auf den Äußeren Hebriden.

Viele interessante Texte über Kultur, Alltagsleben in Großbritannien und Eigenheiten der Schotten finden Sie im Polyglott-Band **Land & Leute Großbritannien.**

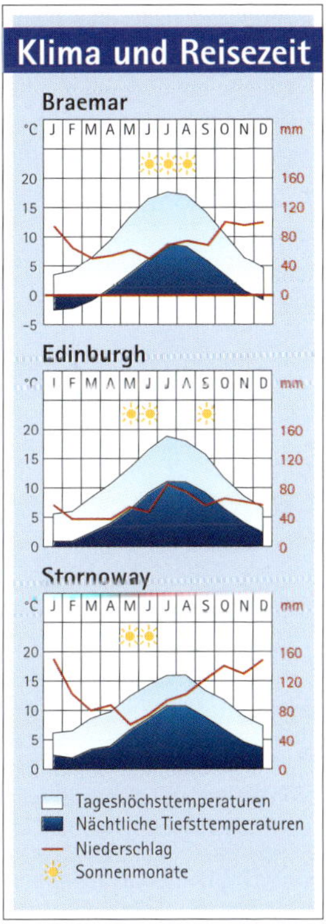

Wirtschaft und Umwelt

Die schottische Wirtschaft ruht auf den Stützpfeilern Tourismus und Nordsee-Öl. Der Tourismus samt dem damit verbundenen Gewerbe (Kunsthandwerk etc.) bietet weitaus mehr Menschen Arbeit als irgendein anderer schottischer Wirtschaftszweig. Das Öl bringt dem Staat riesige Steuereinnahmen und erfolgreichen Unternehmen hohe Gewinne. Beide haben jedoch ihre Probleme: Der Fremdenverkehr bedroht einerseits die Unversehrtheit gerade jener Landschaften, auf deren Reiz er baut, auch ist die Arbeit in der Branche oft schlecht bezahlt und unqualifiziert. Die Förderung von Öl (und Gas) vor der Nordseeküste wiederum ist krisenanfällig, die Steuereinnahmen fließen vorwiegend nach London, und von den erfolgreichen Unternehmen sind nur wenige in schottischer Hand.

Die einst berühmte schottische Schwerindustrie ist bis auf wenige Reste verschwunden – in den vergangenen zehn Jahren wurden die vorletzte Großwerft, das letzte Stahlwerk und das letzte größere Steinkohlebergwerk in Schottland geschlossen. Solidere Aussichten, wenn auch in bescheidenem Maßstab, bieten exportorientierte Industrie- und Gewerbezweige, von denen einige schon eine lange Tradition in Schottland haben: Lebensmittelverarbeitung (Backwaren, Konfitüren u. ä.), Textilien (Strickwaren, Tweed), Whisky, Fischzucht (insbesondere Lachs).

Der Widerspruch zwischen Umweltschutz und Arbeitsplätzen ist gerade in den ärmsten Teilen Schottlands allgegenwärtig. Da sind z. B. die „Supersteinbrüche“, die mitten in den schönsten Landschaften Westschottlands ganze Berge abtragen sollen, um Schotter für den Straßenbau zu gewinnen. In Glensanda nördlich von Oban ist ein solcher Steinbruch bereits in Betrieb, zahlreiche Einsprüche haben aber die Genehmigungsverfahren für weitere Unternehmen verzögert. Geplant sind sechs Steinbrüche mit einem Jahresumsatz von £ 360 Mio. und 1200 Beschäftigten, die während ihrer Nutzung etwa 18 Mrd. Tonnen Gestein liefern sollen – Landschaft und Naturhaushalt der schottischen Küsten würden damit unwiderruflich verändert.

Wie anderswo ist die Bevölkerung auch hier gespalten: Die einen wünschen sich endlich einen regelmäßigen Lebensunterhalt, andere sehen ihr Auskommen (in Tourismus, Viehzucht oder Fischerei) gefährdet.

Hightech

Im industriellen Bereich setzt man heute auf die Hochtechnologie: In den 80er Jahren ist zwischen Edinburgh und Glasgow „das neue Silicon Valley“ entstanden, wo gegenwärtig mehr Computerteile hergestellt werden als in irgendeiner anderen europäischen Region. Die neuesten Schlagworte, mit denen ein schottischer Durchbruch auf dem Weltmarkt verkündet wird, sind Biotechnologie und Gentechnik.

Staat und Politik

Man könnte Schottland als die nördliche „Provinz“ Großbritanniens bezeichnen, würde sich damit aber den Zorn der meisten Schotten zuziehen. Das Wesen der britischen Monarchie und das Fehlen einer ausformulierten Verfassung des Vereinigten Königreichs von Großbritannien und Nordirland haben zu einigen Widersprüchen geführt. So hat Schottland z. B. ein eigenes Justizsystem, das sich erheblich vom englischen unterscheidet, doch wurde bisher über alle gesetzlichen Regelungen in London entschieden.

Das hat sich jüngst geändert: Der Sieg der Labour-Partei bei den britischen Parlamentswahlen im Mai 1997 veränderte die Machtverhältnisse entscheidend. In Schottland kam Labour mit 45,6 % der Stimmen auf 56 Abgeordnete, die Konservativen verloren alle elf bislang von ihnen gehaltenen Wahlkreise. Noch im gleichen Jahr ließ die neue Regierung in Schottland ein Referendum zu zwei Fragen abhalten: 1. Soll es ein schottisches Regionalparlament geben? Dazu sagten 74,3 % der Teilnehmer ja. 2. Soll dieses Parlament in begrenztem Maß eigene Steuern erheben dürfen? Dem stimmten 63,5 % zu. 1999 hat sich nun ein neues Parlament konstituiert: Bei den Wahlen vom Mai 1999, die erstmals in Großbritannien nach einem Verhältniswahlsystem durchgeführt wurden, wurde die Labour Party stärkste Partei, musste sich aber auf eine Koalition mit den Liberal Democrats einlassen. Zweitstärkste Partei wurde allerdings mit weitem Abstand vor den Konservativen die Scottish National Party eher linksgerichtet und nach eigener Aussage jeglichem „ethnischen Nationalismus" abhold. Sie plädiert nach wie vor für ein „unabhängiges Schottland im Verbund der EU".

Pittenweem bei Anstruther

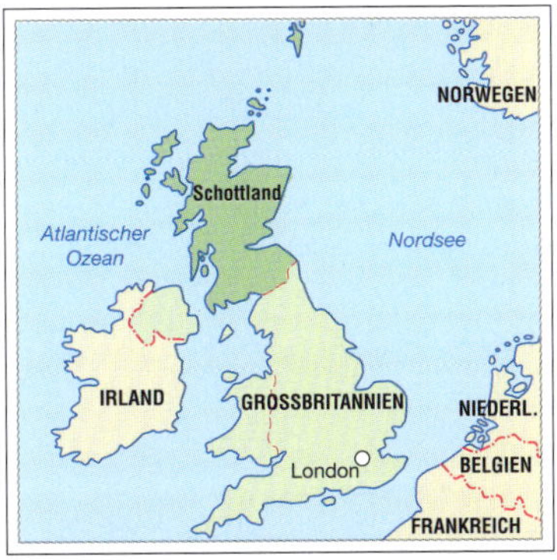

Steckbrief: Zahlen und Fakten

Landfläche: 78 772 km² (34 % der Fläche Großbritanniens); Länge Nord-Süd: 440 km; größte Breite Ost-West: 248 km.

Nutzung: 39,7 % Heide und Moor; 38,9 % Acker-, Weide- und Brachland; 12,5 % Nutzwald; 3 % Bebauung; 2,3 % Süßwasser; 1,8 % naturbelassener Wald; 0,5 % Fels; landwirtschaftlich genutzt: 5,8 Mio. Hektar (darunter 4,1 Mio. Hektar Weideland, 520 000 Hektar Getreideanbau).

Seen und Flüsse: Loch Lomond, größter See Großbritanniens (71,1 km² Wasserfläche); Loch Ness, größte Wassermenge (7447 Mio. m³). Die längsten Flüsse sind Tay, Spey und Clyde.

Berge: Ben Nevis (mit 1344 m höchster Berg Großbritanniens); Ben Macdhui (1309 m); Braeriach (1296 m);

Inseln: über 790 (fast 600 vor der Westküste), ca. 130 davon bewohnt. Die größten Inseln gehören zu den Hebriden: Lewis/Harris (1971 km²), Skye (1380 km²) und Mull (907 km²).

Bevölkerung (Schätzung für 1999/2000): 5,1 Mio. (weiblich 2,6 Mio., männlich 2,5 Mio.); größte Städte: Glasgow (690 000 Einw.), Edinburgh (410 000 Einw.), Aberdeen (217 000 Einw.), Dundee (177 000 Einw.). Erwerbstätige: ca. 1,6 Mio. im Dienstleistungsgewerbe, 1 Million in der Industrie, 637 000 im öffentlichen Dienst.

Geschichte im Überblick

Um 6000 v. Chr.: Funde von Muschelschalenhaufen und Steinwerkzeugen aus dieser Zeit verweisen auf die Anwesenheit von Sammlern und Jägern an den Küsten Schottlands.

Ab ca. 4000 v. Chr.: Erste Anzeichen von Sesshaftigkeit (Pfahlbauten). Am Übergang zur Bronzezeit Steinhügelgräber und Steinkreise.

Um 800 v. Chr.: Die erste nachweisbare Einwanderung keltischer Stämme aus Gallien auf die britischen Inseln. Der später von den Römern Pikten (picti = die Bemalten) genannte Stamm besiedelt den hohen Norden.

Ab 82 n. Chr.: Der römische Kaiser Vespasian schickt eine Streitmacht nach Norden, um die Pikten zu unterwerfen; die Legionen des Gnaeus Julius Agricola besiegen ein Piktenheer unter Calgacus, dem Tacitus den Ausspruch über die Römer zuschreibt: „Sie schaffen eine Einöde und nennen es Frieden." Die Pikten ziehen sich ins Hochland zurück und entwickeln eine wirksame Guerillataktik. Alle Versuche zur Befriedung der Region scheitern; statt dessen bauen die Römer Grenzbefestigungen (Hadrianswall).

Ab ca. 200 n. Chr.: Aus Irland wandern die keltischen Skoten ein, die Schottland seinen Namen geben; sie bringen die gälische Sprache und das Clansystem ins Land. Die ersten Missionare, darunter St. Ninian, wagen sich von Süden her ins Land. Doch erst 563, mit der Gründung einer Klostergemeinschaft auf Iona durch den irischen Mönch Columba (auch Columban d. Ä.), beginnt die systematische Christianisierung Schottlands.

Ab ca. 800 n. Chr.: Normannen, Dänen und Waräger fallen in Schottland ein (793 wird das Kloster von Iona angegriffen). Nach der ersten Welle von Raubfahrten der Wikinger beginnen sich skandinavische Wehrbauern im Norden niederzulassen und allmählich zu assimilieren.

843: Der Skotenfürst Kenneth MacAlpin verbündet sich mit den besiegten Pikten gegen die Wikinger und regiert als erster schottischer König.

1165: Als Wilhelm der Löwe den schottischen Thron besteigt, umfasst sein Reich bereits fast das ganze Gebiet des heutigen Schottland.

Nach 1200: Es beginnt eine lange Periode von Auseinandersetzungen um die Thronfolge. Der englische König Eduard I. versucht die Lage auszunutzen, trifft jedoch auf zwei Gegenspieler, die zu schottischen Nationalhelden werden: William Wallace besiegt Eduard 1297 in der Schlacht von Stirling Bridge, ehe sich die Schotten im folgenden Jahr bei Falkirk erneut geschlagen geben müssen. Robert Bruce lässt sich 1306 zum König von Schottland krönen, muss jedoch vor Eduard fliehen. Nach dessen Tod sichert er sich erneut den Thron und schlägt die Engländer 1314 in der Schlacht von Bannockburn. Erst als Bruces Enkel Robert Stewart 1371 gekrönt wird, kehrt wieder dynastische Stabilität ein – das Königshaus, das sich später Stuart nennt, regiert bis 1689.

1350/1362: Zweimal wütet die Pest in Schottland. Es dauert fast fünfzig Jahre, bis sich das Land wieder von Verödung und wirtschaftlichem Niedergang erholt hat.

Ab 1520: Kaufleute bringen die ersten lutherischen Traktate ins Land. Die katholische Kirche gerät zusehends unter Druck, zumal da Heinrich VIII. von England, der sich 1534 von Rom losgesagt hat, mit Gewalt die Heirat seines Sohnes Eduard mit der damals zweijährigen Maria Stuart durchzusetzen versucht („The Rough Wooing").

Der Calvinismus findet einen Sprecher in John Knox, der den Volkszorn gegen den „Papismus" anheizt. Schließlich schafft das *Reformation Parliament* 1560 offiziell die katholische Staatskirche ab.

1561: Maria Stuart besteigt den Thron, muss jedoch 1567 zugunsten ihres einjährigen Sohnes Jakob VI. abdanken.

1603: Jakob VI. wird als Jakob I. König von England – die Stuarts regieren nun Schottland und England gut hundert Jahre lang in Personalunion, unterbrochen 1649–1660 durch den englischen Bürgerkrieg und die Herrschaft Oliver Cromwells.

1707: Nachdem einflussreiche Mitglieder des schottischen Parlaments und der Kirche mit Geldgeschenken und Privilegien gefügig gemacht worden sind, wird mit der Ratifizierung der „Articles of Union" die Realunion zwischen England und Schottland vollzogen: Das Vereinigte Königreich von Großbritannien entsteht.

1714–1719: Als dem Hannoveraner Georg I. 1714 der britische Thron zugesprochen wird, versuchen Anhänger des Hauses Stuart den Sohn Jakobs VII./II. als Thronpratendenten durchzusetzen. Der erste Aufstand, vorwiegend von Highland Clans unter Führung des Earl of Mar getragen, scheitert; ein zweiter Versuch 1719 wird schon im Ansatz zunichte gemacht.

1745/46: Der dritte Jakobitenaufstand, diesmal angeführt von „Bonnie Prince Charlie", dem Enkel des letzten Jakob, kann dank der Unterstützung Frankreichs anfangs Erfolge verbuchen. Doch bald stellt sich heraus, dass der Stuart-Prinz in den Lowlands kaum auf Unterstützung hoffen darf. Die entscheidende Schlacht von Culloden endet in einer vernichtenden Niederlage der Jakobiten.

Ein vorgeschichtlicher Steinkreis bei Loanhead

Keltisches Kreuz auf der Insel Iona

Robert Bruce, schottischer König im 14. Jahrhundert

John Knox (Statue in St. Giles, Edinburgh)

Geschichte im Überblick

Ab ca. 1750: Schottland erlebt im Zuge der industriellen Revolution einen ungeheuren Wirtschaftsaufschwung (Dampfmaschinen, Textil-, Eisenindustrie, Schiffbau, Kohleförderung, Überseehandel).

Die „schottische Aufklärung" bringt neben großen Künstlern geniale Ingenieure und Philosophen hervor (z. B. Watt, Telford, Hume, Smith); zugleich setzt die romantische Verklärung der Highland-Clans samt Tartan und Dudelsack ein. Die bittere Ironie dieser Entwicklung ist, dass zur selben Zeit in weiten Teilen des Nordwestens Menschen den Schafen weichen müssen (s. rechts).

Um 1820: Als die zunehmende Rationalisierung der Textilindustrie viele Weber arbeitslos macht, brechen Arbeiteraufstände aus („Radical War"), die brutal niedergeschlagen werden; erst 1877 werden durch die „Factory Acts" Arbeitszeiten und -bedingungen in der Industrie gesetzlich geregelt.

Nach 1945: Die Zentren der Kriegsindustrie in Schottland werden auf Konsumgüter umgestellt. Mit dem Wirtschaftsaufschwung nach dem Krieg tritt in Großbritannien die Frage regionaler Sonderinteressen in den Hintergrund.

Um 1975: Vor der schottischen Ostküste wird die Ausbeutung des Nordsee-Öls in Angriff genommen.

1979: Ein Referendum zur politischen Teilautonomie scheitert knapp.

1997: In einem erneuten Referendum spricht sich die Bevölkerung mit großer Mehrheit für ein eigenes Regionalparlament aus.

1999: Die erste schottische Volksvertretung seit 1707 nimmt die Arbeit auf.

Die Highland Clearances

„Ich erinnere mich, dass man auf dem Weg das Tal hinauf alle halbe oder ganze Meile ein Dorf sah ... Die Leute lebten zufrieden ... Es mangelte ihnen an nichts." So schrieb Angus Mackay, der 1813 aus Strathnaver vertrieben wurde. Wer heute durch dieses Tal fährt, bekommt auf über 30 km kaum ein Haus zu sehen. Überall in Sutherland, Ross, Lochaber sowie auf den Hebriden findet man Reste ganzer Dörfer, zwischen denen Schafe grasen.

Die Räumung weiter Landstriche im Nordwesten zwischen 1780 und 1850 gilt als eines der traurigsten Kapitel in der Geschichte der Highlands. Doch wie konnte es dazu kommen?

Nach dem Scheitern des letzten Jakobitenaufstands 1746 wurden die Ländereien der Clan-Chiefs konfisziert. Als die Regierung sie 1784 zurückerstattete, lebten viele Chiefs in Edinburgh oder London und setzten Verwalter ein, um das größtmögliche Einkommen herauszuholen. Man entschied sich für Viehhaltung, die mit geringen Kosten und hohen Erträgen verbunden war.

1792 wurden erstmals große Schafherden gegen den Widerstand der Einheimischen in die Highlands getrieben. Bald begannen Räumungen im großen Stil. So ließ der Gutsverwalter des Herzogs von Sutherland den Familien, die sich widersetzten, das Dach über dem Kopf anzünden. Der Chief der Macdonells of Glengarry räumte „seine" Halbinsel Knoydart, indem er 520 Personen nach Kanada verschiffen ließ.

Die Tragödien vieler Gemeinden sind zu zahlreich, um sie aufzuzählen. Um 1853/54 war in weiten Teilen der nordwestlichen Highlands fast die ganze Bevölkerung vertrieben worden oder an Seuchen und Unterernährung gestorben. Wer heute durch Wester Ross oder Sutherland fährt und die „letzte Wildnis Europas" bewundert, sollte sich auch vor Augen führen, wie sie vor 150 Jahren ausgesehen haben mag.

Kultur gestern und heute

Am Loch Ewe

Malerei und Plastik

Piktische Kunst ist uns nur in Form von Metallarbeiten und behauenem Stein erhalten. Ihre Verzierungen mit wiederkehrenden Symbolen und Tierbildnissen unterschieden sich anfangs deutlich von den stärker ornamentalen Arbeiten der aus Irland eingewanderten Skoten, ehe die beiden Stile verschmolzen. Der größte Teil der Buchilluminationen und Kirchendekorationen aus dem Mittelalter ging verloren, als im 16. Jh. alle Klöster zerstört wurden – nur wenige Stücke zeugen noch von einer Kunst, die eng mit dem auf dem europäischen Festland jeweils vorherrschenden Stil verbunden war. Das gleiche gilt für die höfische Malerei, für die bis ins 17. Jh. meist Flamen und Niederländer ins Land geholt wurden. Ein eigenständiges schottisches Metier entstand in der zweiten Hälfte des 16. Jhs., als reich bemalte Zimmerdecken aufkamen (Crathes Castle). Das 18. Jh. wurde mit der Blüte der „schottischen Aufklärung" zur großen Ära der Porträtmalerei (Allan Ramsay: „Margaret Lindsay"; Henry Raeburn: „Macdonell of Glengarry"; beide in der National Gallery of Scotland [NGS], Edinburgh, deren Besuch einen guten Überblick über die bildende Kunst Schottlands bietet). Landschaftsmaler wie Alexander Runciman und Alexander Nasmyth huldigten vorerst noch dem klassischen Ideal: Griechenland, Rom und stille Lowland-Landschaften waren ihre Sujets. Erst im 19. Jahrhundert setzte die romantische Verklärung der Highlands ein – z.B. in dramati-

„Macdonell of Glengarry" (Henry Raeburn) in der National Gallery of Scotland, Edinburgh

Glasfenster in St. Giles, Edinburgh

schen Genreszenen von David Wilkie („Distraining for Rent", NGS) und bedrohlich wirkenden Landschaften von Horatio McCulloch.

Vorläufer der Moderne war William McTaggert. Er begann als Genremaler, doch seine großzügigen Seestücke vom Ende des 19. Jhs. („The Sailing of the Emigrant Ship", NGS) konzentrieren sich ganz auf den persönlichen Umwelteindruck. Die als Glasgow Boys bekannte Malergruppe (u. a. James Guthrie: „A Hind's Daughter"; W. Y. Macgregor: „The Vegetable Stall"; beide NGS) war stark vom französischen Impressionismus beeinflusst, ebenso wie die als Koloristen bekannten Künstler um S. J. Peploe nach 1900. Unter den heute tätigen schottischen Künstlern sind John Bellany (Porträts) und Ian Hamilton Finlay (Skulpturen) besonders bekannt geworden. Die Künstlerinnen, die sich ironisch Edinburgh Girls nennen (June Redfern, Fionna Carlisle), pflegen einen expressiven, figürlichen Stil. Ken Currie (geb. 1960) hat sich mit seinen Gemälden für den People's Palace (Glasgow) einen Namen gemacht.

Architektur und Design

Wenn ein Gebäude in Schottland errichtet wurde, heißt das noch lange nicht, dass es sich dabei um „schottische Architektur" handelt. In der langen Geschichte schottischer Baukunst stammen die meisten Anregungen wie auch die meisten Baumeister vom europäischen Festland oder aus England. Doch hat Schottland einige Architekten hervorgebracht, deren Wirkung wiederum bis nach England, Europa und darüber hinaus reicht.

Zu Beginn des 14. Jhs. bildete sich im Bau befestigter Anwesen eine spezifisch schottische Variante: das Tower House, ein massiver Wohnturm mit Küche und Stallungen im Erdgeschoss, dem Saal im ersten Stock und darüber angeordneten Privatgemächern (Threave Castle, Dumfries & Galloway; Drum Castle, Grampian).

Klassizismus schottisch

Der Architekt Colin Campbell legte um 1700 in Anlehnung an Andrea Palladio den Grundstein für die Hochblüte des schottischen Klassizismus, dessen herausragende Vertreter Robert und James Adam waren. Charlotte Square in Edinburgh, Hopetoun House und Culzean Castle mit seiner unerhörten Verbindung von klassizistischen Elementen und Burgenromantik sind Beispiele für ihr Wirken, bei dem auch nicht das geringste dekorative Detail der Innenausstattung vernachlässigt wurde.

Im 19. Jh. wurde stolze Schlichtheit weitgehend durch den Prunkstil viktorianischer Architekten abgelöst, die dem merkantilen Selbstbewusstsein ihrer städtischen Auftraggeber mit monumentalen Dimensionen und überladener Dekoration Ausdruck verliehen (City Chambers, Glasgow). Die Gegenbewegung brachte mit dem „Glasgow Style" eine spezifische Ausprägung des Art nouveau hervor: Die Gruppe um Charles Rennie Mackintosh setzte auf klare Formen und geometrische Dekoration – Bauten wie die Glasgow School of Art oder Hill House in Helensburgh gehören mit ihrer verblüffenden Kombination von Tradition und Modernität zu den individuellsten der schottischen Architekturgeschichte. Auch hier wurde ebensoviel Wert auf die Innenausstattung wie auf das Gebäude selbst gelegt.

Literatur

Schottland hat literarische Texte in drei Sprachen hervorgebracht. Während man lange Zeit nur seine englischsprachige Literatur ernst nahm, wird in neuerer Zeit auch wieder mehr Aufmerksamkeit auf Schriften gerichtet, die in Scots und Gälisch abgefasst sind.

Die Entwicklung einer volkssprachlich aufgezeichneten Literatur beginnt um

1350. Mit John Barbours Reimchronik *The Bruce* entstand bereits 1375 ein großes schottisches Nationalepos im englischen Dialekt der schottischen Lowlands. Um die Wende vom 15. zum 16. Jahrhundert wurden Dichter wie Robert Henryson und William Dunbar wegen ihrer Versallegorien und Satiren gefeiert, und der Kleriker Gavin Douglas schuf mit seiner Fassung von Vergils *Äneis* eine der ersten Übertragungen klassischer Literatur ins Englische.

Drum Castle (13. Jh.), ein Vorläufer der Tower Houses

Um 1725 begann die schottische Literatur mit Pastoralen wie *The Gentle Shepherd* von Allan Ramsay und James Thomsons *The Seasons* („Die Jahreszeiten", von Haydn vertont) ihren Siegeszug. 1765 erschienen James Macphersons berühmt-berüchtigte „Übertragungen" der Ossian-Gedichte: Der Schulmeister sammelte gälische Balladen, die er übersetzte, zusammenfasste und mittels einer gefälschten historischen Zuordnung unter dem Titel *Fingal* als gälisches Originalepos ausgab. Der Aufsehen erregende „Fund" wurde in ganz Europa diskutiert (von Samuel Johnson bis Goethe). *Fingal* wurde zu einem Lieblingswerk vieler Romantiker, die auch die Gedichte von Robert Burns und Walter Scott schätzten. Scotts historische Romane *(Waverley, Ivanhoe, Quentin Durward)* gehörten zu den Bestsellern des frühen 19. Jhs., während Burns' Mundartgedichte ihm den Titel des „schottischen Nationaldichters" eintrugen. Thomas Carlyle, der seine Laufbahn als Übersetzer deutscher Klassiker und Romantiker begonnen hatte, trug um die Mitte des 19. Jhs. mit Geschichtsstudien und Streitschriften wesentlich zum viktorianischen Kulturleben bei.

Schlosshotel in den Trossachs

Die gälische Literatur trat im Zuge der Romantik ins Bewusstsein einer breiteren Öffentlichkeit, als die Werke des Geschichtenerzählers Rob Donn MacAoidh (Robert MacKay) und des Natur-

Templeton's Carpet Factory, ein Beispiel für Glasgows großartige Industriearchitektur

lyrikers Donnchadh Ban Macan t-Saoir (Duncan Ban Macintyre) niedergeschrieben, ins Englische übersetzt und veröffentlicht wurden. Der Dichter Alasdair Mac Mhaigstir Alasdair (Alexander MacDonald; geb. 1695) trachtete danach, die Tradition der altkeltischen Barden fortzusetzen und mit ihren Mitteln zu experimentieren.

Das 20. Jh. brachte eine neue Blüte schottischer Lyrik, sowohl auf Englisch (Hugh MacDiarmid: *A Drunk Man Looks at the Thistle)* als auch auf Gälisch. Und es mangelt nie an Talenten (mit großem Erfolg verfilmt wurde z. B. der Roman *Trainspotting* des Edinburgher Autors Irvine Welsh), die, wie z. B. Jeff Torrington, Aufsehen erregen.

Nicht nur der Dudelsack macht die Musik

„Sollte man jemals Auszeichnungen für Verdienste um die schottische Volksmusik vergeben, müssten die Deutschen besonders geehrt werden." Das stand im Februar 1994 in der Sonntagszeitung *Scotland on Sunday* zu lesen. Die Vorliebe der Deutschen für keltische Folklore, so hieß es dort, habe vielen schottischen Gruppen den Lebensunterhalt gesichert, als sie Anfang der achtziger Jahre daheim kaum Auftrittsmöglichkeiten fanden.

Heute gedeiht die traditionelle Musik Schottlands wieder in vielerlei Form, von strengster Traditionspflege bis zur Rockmusik mit gälischen Texten. Die Gemeinsamkeiten ließen sich ganz trocken aufzählen: eine Vorliebe für bestimmte punktierte Rhythmen („Scotch snap"), komplexe Verzierung von Melodielinien, um einen Ganzton versetzte Akkorde („Double tonic") und pentatonische Tonleitern. Aber damit wäre eine faszinierende Musik nur unzureichend beschrieben.

Die frühesten in Schottland nachgewiesenen Instrumente (um 700 v. Chr.) sind Hörner und Trompeten aus Bronze, die wahrscheinlich für Kavalleriesignale benutzt wurden. Auf piktischen Bildsteinen des achten Jahrhunderts n. Chr. sind die ersten höfischen Harfen abgebildet. Sackpfeifen wurden wohl zuerst aus Südeuropa als Militärinstrumente eingeführt, doch an der Wende zum 17. Jahrhundert lässt sich eine hochentwickelte konzertante Spielkultur mit ausgeprägter Hierarchie nachweisen: Neben der „kleinen Musik" (Ceòl beag) der Jigs und Reels und der „mittleren Musik" (Ceòl meadhonach) der Airs und Klagelieder bildete sich eine „große Musik" (Ceòl mór oder Piobaireachd) heraus, deren anspruchsvolle Variationsformen in den Dynastien der Clanpfeifer von Generation zu Generation weitergereicht wurden.

Neben den *Highland pipes* oder *Great pipes*, die über ein Mundrohr angeblasen werden, sind oft die *Lowland* oder *Small pipes* zu hören, die ähnlich den irischen Uilleann pipes mittels eines Blasebalgs bedient werden. Seit frühester Zeit sind außerdem pedallose diatonische Harfen *(Clarsach)* und seit dem 18. Jahrhundert auch Geigen *(Fiddles)* für die schottische Volksmusik kennzeichnend – letztere mit einer besonderen Ausprägung von Repertoire und Spieltechnik auf Shetland.

Bei den allseits bekannten schottischen Folkgruppen (Battlefield Band, Capercaillie, Ceolbeg, Tannahill Weavers, Wolfstone u. v. a.) kommen heutzutage neben Pipes, Fiddle, Flöten und Akkordeon die üblichen Instrumente des Rockrepertoires zum Einsatz. Eher traditionelle Formen pflegen Sängerinnen wie Cilla Fisher und Christine Primrose, die Harfenistin Alison Kinnaird, der Geiger Ali Bain oder der Dudelsackvirtuose Hamish Moore – um nur einige wenige der Musiker zu nennen, die alljährlich bei den unzähligen Konzerten und Festivals auftreten, mit denen Schottland gesegnet ist.

Musik

Bei den Worten „schottische Musik" denken die meisten erst einmal an Volksmusik, genauer gesagt an Dudelsackklänge oder an die elektrisch verstärkten Instrumente des Folk Revival. Aber selbst gut informierte Freunde klassischer Musik könnten wohl kaum auf Anhieb einen schottischen Komponisten nennen. Dabei hat Schottland seit den keltischen Barden und römisch-katholisch geschulten Mönchen des Mittelalters eine Tradition großer Musiker, die heute allerdings keiner mehr kennt: Die Messen und Motetten, die uns von dem Kirchenmusiker Robert Carver (geb. um 1485) überliefert sind, werden als Werke von europäischem Rang eingestuft, doch gab es bis vor kurzem keine vollständige Ausgabe von Carvers Opus. Ebenso wenig bekannt sind die virtuose Consort-Musik von Tobias Hume (geb. um 1569) oder die Airs von John Abell (geb. um 1652), der einst Frankreich, Deutschland und Italien als gefeierter Sänger bereiste.

Im 18./19. Jh. beherrschte der Einfluss Italiens die schottische Kunstmusik, doch sammelten Komponisten wie James Oswald (geb. 1711) auch Volksweisen und erhielten sie so der Nachwelt; andererseits spielten Instrumentalisten aus der Volksmusiktradition wie der Geiger Nicl Gow an Fürstenhöfen und machten dort ihre Tänze bekannt. So fanden diese Weisen ihren Weg nach Kontinentaleuropa und führten schließlich zu der „schottischen" Musik von Haydn, Beethoven, Weber, Mendelssohn Bartholdy u. v. a.

Im 20. Jh. lässt sich der Übergang von der Nachahmung europäischer Konvention zur weltweit anerkannten Moderne verfolgen – vom landschaftlich geprägten Impressionismus John Blackwood McEwens *(Under Northern Skies)* über die „dramatisch-abstrakten" Formen von Thea Musgrave bis hin zu den jüngsten internationalen Erfolgen von Judith Weir und James MacMillan.

Schlichte Dorfarchitektur

Sir Walter Scott, Schottlands größter Romanautor im frühen 19. Jahrhundert

Die romantische Statue von Robert Burns in Dumfries

Essen und trinken ohne Reue

Die schottische Küche (oder genauer gesagt das schottische Gaststättengewerbe) leidet immer noch unter dem schlechten Ruf des „englischen" Essens. Doch es ist in Schottland heute leichter als südlich des Hadrianswalls, kompetent zubereitete einheimische Küche in jeder Preisklasse zu finden.

Dazu haben das Scottish Tourist Board und andere am Tourismus interessierte Organisationen nicht unwesentlich beigetragen, als sie das „Taste of Scotland" genannte Unterfangen ins Leben riefen. Der alljährlich neu erscheinende Führer enthält 1999 über 400 ausgewählte und überprüfte Gastronomiebetriebe mit ausführlichen Angaben zu Lage, Anfahrt, Rollstuhlzugang, Einschränkungen für Raucher, Öffnungszeiten, Spezialitäten (einschließlich vegetarischer Gerichte) und Unterkunftsmöglichkeiten. Besteller aus dem europäischen Ausland zahlen £ 9,50 an *Taste of Scotland (Guide Sales), 33 Melville Street, Edinburgh EH3 7JF;* ☏ 00 44/131/2 20 19 00, FAX 2 20 61 02.

Gute Zutaten, gute Küche

Meer, Flüsse und Lochs liefern Lachs und Forellen (die wild gefangenen Fische sind teurer, aber auch schmackhafter als die Zuchtexemplare), vielerlei anderen Fisch, dazu Muscheln, Krabben und Hummer frisch vom Kutter. Schottland ist berühmt für sein fein gemasertes Rind- und Lammfleisch, das aus artgerechter Weidehaltung, nicht aus Massentierhaltung stammt und das man am besten unkompliziert zubereitet bestellt (in Angus- und Highland-Rinderherden zur Fleischproduktion ist bisher kein einziger BSE-Fall aufgetreten). Hinzu kommen Rot- und Federwild, z. B. Reh oder Fasan.

Die traditionelle Küche verwendet vorzugsweise Kartoffeln, Kohl, Rüben und Lauch – auch Wildpilze sind reichlich vertreten. Der Obstanbau, besonders von Beeren, hat in den Lowlands eine lange Tradition, und die Früchte werden zu köstlichen Nachspeisen und Marmelade verarbeitet.

Mit dem Hafer hat es in Schottland seine besondere Bewandtnis. In sein 1775 erschienenes Wörterbuch der englischen Sprache schrieb Samuel Johnson die berühmt gewordene Definition: „Hafer – ein Getreide, das in England gemeinhin den Pferden verfüttert wird, in Schottland dagegen die Menschen ernährt." Hafer gedeiht in kälterem Klima als andere Getreide und hat einen hohen Öl- und Proteingehalt, eignet sich also hervorragend als Grundnahrungsmittel in schottischen Breiten.

Hafermehl wird zu ungesüßtem Gebäck *(oatcakes, bannocks)*, Haferbrei *(porridge, brose)* und Klößen *(cloutie dumplings)* verarbeitet, Haferschrot wird im Nationalgericht *Haggis*, das man wirklich probieren sollte, den im Schafsmagen gekochten Lamminnereien beigefügt, Käse werden in grob gemahlenem

Etwas für Mutige ...

... ist *Atholl brose:* Dünner Haferbrei wird mit Honig und Whisky vermischt. Honig und Whisky kommen auch in *Cranachan* zum Einsatz, einer Süßspeise, die mit Früchten und Sahne gegessen wird. Überhaupt sind die Schotten auf Süßes erpicht: Bis ins 18. Jahrhundert verwendeten sie zum Süßen vorwiegend Honig (und behaupten immer noch, ihr *Heather honey* sei der beste der Welt); heute liegt vor allem ihr Zuckerverbrauch höher als anderswo in Großbritannien.

Hafer gerollt *(Caboc)*. Weltbekannt ist das köstliche Mürbeteiggebäck *Shortbread*, dessen schlichte Rezeptur jedem schottischen Schulkind als „six, four, two" bekannt ist: sechs Teile Mehl, vier Teile Butter und zwei Teile Zucker.

Beim schottischen Frühstück können die üblichen Eier mit Speck und Grilltomate plus Toast durch Pilze, Würstchen, Räucherfisch, Porridge, Blutwurst, Bratkartoffeln und Nierchen in brauner Soße ergänzt werden. Dazu gibt es (außer in den allerbesten Hotels oder in manchen Privathaushalten) mit Beuteln aufgegossenen Tee – oder Kaffee, der von vielen Einheimischen bevorzugt wird und keineswegs von minderer Qualität sein muss. Aber starker Tee mit Milch und Zucker gilt - auch in Schottland - immer noch als *das* Allheilmittel bei jeder Art von Schock.

Durstlöscher und Whisky

Die weltweit üblichen Erfrischungsgetränke und einheimische Mineralwasser ergänzen in Pubs die diversen Biersorten. Nach einem warmen, abgestanden schmeckenden Gebräu sucht man heutzutage meist vergeblich – im Gegenteil: Bei den vielen hellen „Lager"-Bieren mit deutsch klingenden Namen wäre nicht selten etwas weniger Kohlensäure und Eiseshauch angebracht. Verlässlich findet man überall das besonders stark gehopfte „Bitter" und das schwarze Stout irischer Herkunft, außerdem bieten manche Pubs traditionell gebraute Ales an.

Der Whisky-Mythos wird vom schottischen Fremdenverkehrsgewerbe mit viel Fleiß gepflegt, und es gibt unzählige Destillen zu besichtigen. Natürlich trinken die wenigsten Schotten im Alltag ständig Whisky, geschweige denn die teuren unverschnittenen Single Malts, die in einer bestimmten Brennerei nur aus gemälzter Gerste erzeugt und mindestens acht Jahre in Eichenfässern gelagert werden. Aber Sorten wie z. B. *Cragganmore* oder *Laphroaig* sind schon ein besonderes Erlebnis.

Der Haggis schmeckt viel besser, als es seine Rezeptur vermuten lassen würde!

Frischer Lachs , eine der größten kulinarischen Köstlichkeiten

Glenfiddich: Whisky-Destillation

Urlaub aktiv

Schottland ist ein Land für Fußgänger (und Radfahrer, die gut in Form sind). Die Tourist Information Centres bieten Karten und Beschreibungen für unzählige Radtouren und Wanderungen an – etwas Schöneres als die kilometerlangen, oft tatsächlich menschenleeren Sandstrände in Wester Ross oder auf den Äußeren Hebriden kann man sich für einen Spaziergang kaum vorstellen.

Golf ist in Schottland ein preiswerter Volkssport – außer man besteht darauf, auf einem der berühmten Kurse von St. Andrews, Troon oder Carnoustie zu spielen. Stattdessen sollten Enthusiasten es einmal mit Nairn, Machrihanish oder gar Royal Dornoch versuchen. Im Süden, in den Lowlands und an der Ostküste sind Golfplätze so dicht gesät, dass die Qual der Wahl das einzige ist, was einen vom Spielen abhalten könnte. Die vom Scottish Tourist Board herausgegebene Broschüre *Scotland Activity Holidays* listet allein 285 Orte teils mit mehreren Plätzen auf.

Surfen und Windsurfen werden immer beliebter – kein Wunder bei den atemberaubenden Stränden und der meist guten Anleitung für Anfänger.

i **Scottish Windsurfing Association,** c/o RYA Scotland, Caledonia House, South Gyle, Edinburgh, EH12 9DQ; ☏ 00 44/131/3 17 73 88.

Tipp Für wahre Surf-Cracks: die nicht ganz leicht zu erreichende Hebrideninsel Tiree westlich von

Munro Bagging – Bergwandern als Leistungssport

„Du erinnerst dich an deinen ersten Berg in ähnlicher Weise wie an das erste sexuelle Erlebnis – nur dass Wandern keine solche Schweinerei hinterlässt und du nicht eine Woche lang in Tränen aufgelöst bist, wenn Ben Nevis am nächsten Morgen anzurufen vergisst." Das schreibt die schottische Journalistin Muriel Gray, die in den Medien unermüdlich für die Bergwelt ihrer Heimat wirbt – sie behauptet, man müsse nicht unbedingt mit einem Bart gesegnet sein, um als richtiger Bergsteiger zu gelten.

Ihr freundlicher Spott gilt dem zwanghaften „Munro Bagger". Damit sind diejenigen gemeint, die nichts weiter im Sinn haben, als alle 277 schottischen Berge über 3000 Fuß (914 m) zu besteigen und dann abzuhaken. Diese Erhebungen sind nach Sir Hugh Munro benannt, der sie Ende des 19. Jahrhunderts erstmals in seinen vielbändigen „Munro Tables" katalogisiert hat. Der erste Bezwinger sämtlicher Munros war Hochwürden Archibald Eneas Robertson, der offenbar nichts Besseres zu tun hatte, und in den ersten siebzig Jahren des 20. Jhs. taten es ihm nur hundert andere nach. Neuerdings ist es aber für Rekordjäger zur „Pflicht" geworden, sich daran zu versuchen (der Langstreckenläufer Mark Elsegood schaffte alle 277 in 66 Tagen!).

Obwohl diese Berge nach alpinen Maßstäben nicht hoch sind (Ben Nevis ist mit 1344 m der höchste), bieten sie dem Bergwanderer doch erhebliche Herausforderungen – einige müssen buchstäblich von Meereshöhe erklommen werden. Die raschen Wetterumschwünge der Highlands können zur Gefahr werden – in den letzten Jahren sind in den Cuillins auf der Insel Skye mehrmals Bergsteiger ums Leben gekommen, die nicht als leichtsinnig oder unerfahren galten. Aber der Lohn für das Ersteigen von Bergen wie An Teallach oder Sgurr Alasdair ist eben nicht nur die atemberaubende Aussicht.

Mull mit den meisten Sonnenstunden und extremen Windverhältnissen.

Die Vermarktung des **Skifahrens** in wildromantischer Landschaft hat Schottland zu einer touristischen Wintersaison verholfen. Fünf Zentren mit je 15–30 markierten Pisten machen die zentralen Highlands zum britischen Wintersportzentrum. Glen Coe bietet interessante Abfahrten und wunderbare Aussicht, Glenshee und Cairngorm sind die größten und am besten ausgebauten Gebiete. Rasche Wetterwechsel vom Atlantik führen zu unsicheren Schneeverhältnissen, die zu allem Überfluss nur schwer vorherzusagen sind. Zu erheblicher Beunruhigung hat auch die zunehmende Verwüstung der Landschaft Anlass gegeben: Die Pistenhänge von Cairngorm weisen z. B. grauenhafte Erosionsschäden auf, die im Sommer nicht zu übersehen sind.

Wanderer im Glen Coe

Golf für alle in St. Andrews

Boote und Segeln: Auf besonders erfreuliche Weise kann man sich die Landschaft auch von der See her ansehen! Bootsausflüge in die grandiose Inselwelt der Westküste sind stets zu empfehlen, wer selbst das Ruder übernehmen möchte, sollte Informationen über Bootsmiete, Segelkurse, gesetzliche Bestimmungen usw. einholen bei der

Royal Yachting Association Scotland, Caledonia House, South Gyle, Edinburgh, EH12 9DQ; ☏ 00 44/131/ 3 17 73 88, Fax 3 17 05 66.

Kursangebote: Für Lernwillige mit guten Englischkenntnissen, die sich geistig betätigen möchten, gibt es Gälischkurse und Unterweisung in vielen traditionellen Kunstfertigkeiten in der

Sabhal Mor Ostaig Gaelic School, An Teanga, Isle of Skye, ☏ 00 44/14 71/84 43 73.

Segelsportler bei Thurso

Reisewege und Verkehrsmittel

Anreise

Mit Pkw und Fähre: Schottland ist vom europäischen Festland aus nicht ganz leicht zu erreichen. Die meisten Urlauber reisen mit dem eigenen Auto an und benutzen die Fähren nach England. Die kürzesten und billigsten Fährverbindungen (von Calais bzw. Ostende nach Dover bzw. Folkestone) bedingen allerdings die längste und unangenehmste Autofahrt – 965 km sind es z. B. von Dover nach Inverness. Seit die Verbindung durch den Channel Tunnel in Betrieb genommen worden ist, sind Autoreisezüge bis nach Edinburgh und Glasgow im Gespräch. Aber bislang gilt für Autofahrer bei Benutzung des Tunnels das gleiche wie für die Fähre nach Dover – für Bahnreisende bringt der Tunnel allerdings erhebliche Erleichterungen.

Eine annehmbare Lösung ist die Nachtfähre von Rotterdam nach Hull: Wer morgens ankommt, kann nachmittags in den Highlands sein – das gilt für Auto- wie für Bahnreisende. Noch näher an Schottland heran bringt einen die allerdings kostspielige und recht selten verkehrende Fährverbindung von Hamburg nach Newcastle – von dort sind es nur noch 167 km nach Edinburgh.

Mit dem Flugzeug: Wer es sich leisten kann, sollte ernsthaft erwägen, nach Glasgow oder Edinburgh zu fliegen und sich dort des Verkehrsmittels seiner Wahl zu bedienen. Mietwagen sind in Großbritannien nicht billig, aber bei den üblichen Firmen an den Flughäfen zu haben (Mindestalter 21 Jahre, Vorlage des Führerscheins und einer Kreditkarte). Über Fahrräder zur Miete informiert der zentrale Informationsdienst des Scottish Tourist Board unter ☏ 00 44/131/3 32 24 33, Fax 3 15 45 45 ebenso wie über Bahnverbindungen innerhalb Schottlands sowie Fähren und Flüge zu den Inseln usw.

Mit dem Fernbus: Die preisgünstigste Art, fahrplanmäßig nach Schottland zu kommen, sind Fernbusse – entweder mit einem Reiseveranstalter direkt aus Kontinentaleuropa oder innerhalb Großbritanniens mit den Linienbussen von Scottish Citylink bzw. National Express (beispielsweise drei- bis fünfmal tgl. ab London nach Edinburgh bzw. Glasgow; Fahrzeit 8–9 Stunden).

Reisen im Land

Das Wichtigste, das man sich als Reisender in Großbritannien merken muss, ist: Es wird LINKS gefahren. Nicht nur Motorisierte müssen sich das einprägen: Schon mancher Fußgänger hat sich einen Schrecken – oder Schlimmeres – eingehandelt, weil er vor dem Überqueren der Straße in die falsche Richtung Ausschau gehalten hat.

Höchstgeschwindigkeiten: 30 Meilen (48 km/h) in geschlossenen Ortschaften, 60 Meilen (96 km/h) auf Landstraßen und 70 Meilen (113 km/h) auf Autobahnen bzw. mehrspurigen Straßen mit getrennten Richtungsfahrbahnen. Ansonsten gibt es für Verkehrsteilnehmer nicht viel Besonderes zu beachten.

Vorsicht: Schafe!

Frei laufende Schafe haben die Tendenz, gerade dann die Straße überqueren zu wollen, wenn endlich mal wieder ein einzelnes Auto vorbeikommt, und gelegentlich hält auch ein Schaf mitten auf der Straße seinen Mittagsschlaf. Aber das war's eigentlich schon – in Schottland kommen im Verhältnis zur Einwohnerzahl nur halb so viele Menschen auf den Straßen um wie in Deutschland, und die Todesbilanz sinkt stetig.

Der Kreisverkehr hat Vorfahrt (und es gibt jede Menge Kreuzungen mit Kreisverkehr). Die vielen einspurigen Straßen mit Ausweichstellen, insbesondere in den Highlands, sind bei einiger Vorsicht eine wahre Freude (Einheimische überholen lassen!).

Verkehrsteilnehmer in den Highlands

Das Land hat einige spektakuläre **Eisenbahnstrecken** zu bieten (z.B. die West Highland Line von Glasgow über Fort William nach Mallaig), aber wer in den hohen Norden möchte, hat keine Wahl: Die einzige Strecke führt von Inverness nach Wick bzw. Thurso. Allgemein reist es sich in Schottland per Eisenbahn recht angenehm.

Die **Busverbindungen** in ländlichen Gebieten sind leider „ausgedünnt" worden; manche Ortschaft ist nur noch einmal am Tag per Bus zu erreichen, an Sonn- und Feiertagen überhaupt nicht.

Fähre im Hafen von Glasgow

Praktisch alle **Fährverbindungen** der Westküste, derzeit zu und zwischen 23 Inseln, betreibt „CalMac":

Caledonian MacBrayne, the Ferry Terminal, Gaurock PA19 1QP, ☎ 0 14 75/65 01 00 (allgem. Auskunft), 09 90/65 00 00 (Buchungen), FAX 0 14 75/ 63 52 35. Aktuelle Fahrpläne auch unter http://www.calmac.co.uk/timetables im Internet.

Waverley Station, Edinburgh

Fahrradfahrer haben es in Schottland wegen der Steigungen nicht immer leicht, aber oft schön. Abseits der großen Hauptverkehrsadern bieten sich schmale Fahrwege mit erstaunlich gutem Straßenbelag an. Abgesehen von einem gelegentlichen Einheimischen in Eile und den Milchtank-Lkws ist man auf diesen Straßen häufig allein.

Da die Southern Uplands, die Highlands und die gesamte schottische Küste für Tiefflugübungen freigegeben sind, muss man auf gelegentliche Schrecksekunden gefasst sein.

Unterkunft

Schottland ist auf Individualreisende eingerichtet, mit Herbergen vom sündhaft teuren Schlosshotel bis zum bescheidenen Bed & Breakfast, vom wunderschön gelegenen Campingplatz bis zur Jugendherberge. Auch Ferienhäuser und -wohnungen sind eine beliebte Unterkunftsvariante.

Außerhalb der sommerlichen Hochsaison ist es jedoch ohne weiteres möglich, sich auf ein „Abenteuer" einzulassen und Schottland aufs Geratewohl zu erkunden. Überaus hilfreich sind dabei die *Tourist Information Centres* (TICs). Es gibt in Schottland über 170 solcher Büros, vom Einpersonenbetrieb im Wohnwagen auf dem Marktplatz eines entlegenen Dorfes bis hin zum Scotland Information Centre in Edinburgh (3 Princes Street, Edinburgh EH2 2QP, ☎ 01 31/ 5 57 17 00, Fax 5 57 51 18). Gemeinsam ist ihnen allen das Bemühen, Touristen das Leben leicht zu machen. Besonders wichtig ist ihre Hilfe bei der Suche nach Bed & Breakfast – manche abgeschiedenen Privatunterkünfte, die in keinem Führer verzeichnet sind, kann einem nur das örtliche TIC empfehlen.

Das **Bed & Breakfast,** kurz B&B genannt, ist eine großartige Gelegenheit, Einheimische kennen zu lernen. Die Unterkünfte reichen vom ehemaligen Kinderzimmer mit entsprechendem Familienanschluss bis hin zu dem, was wir als Familienpension bezeichnen würden. Angeboten werden offiziell, wie der Name schon sagt, nur Bett und Frühstück, aber eine Einladung zum Nachmittagstee mit selbst gebackenem Kuchen ist ebenso möglich wie die Frage, ob man eine (bezahlte) Abendmahlzeit gekocht haben möchte - lediglich der Ausschank von Alkohol gegen Bezahlung ist B&B-Wirten verboten.

Preisgünstige Übernachtungsmöglichkeiten, nicht nur für Studenten, bieten die Universitäten von Edinburgh, Glasgow, Dundee, St. Andrews, Stirling und Strathclyde.

BUAC (British Universities Accommodation Consortium Limited), Box H 846, University Park, Nottingham NG7 2RD, ☎ 01 15/ 9 50 45 71, Fax 9 42 25 05.

Schottland ist gut mit **Campingplätzen** versorgt, besonders an den Küsten im Süden und natürlich in allen touristischen Zentren. Einige in spektakulärer Lage sind in den Reisekapiteln erwähnt – allerdings hat das Zelten in Schottland zwei problematische Seiten: das Wetter und die Mücken. Regen und kalte Nächte mögen für engagierte Camper zum „Berufsrisiko" gehören, aber Schwärme winziger Stechmücken *(midges)* können einem gerade die schönsten Plätze am Wasser verleiden. Mit dem Wohnwagen wiederum werden enge und steile Straßen zum Problem, insbesondere, wenn es zur letzten Ausweichstelle zurückzusetzen gilt.

Hotels aller Kategorien sind natürlich im Land vertreten - besonders reich gesegnet ist es jedoch mit Beherbergungsbetrieben in Schlössern und Landhäusern. Luxus hat seinen Preis, aber dafür wird auch einiges geboten, und nicht jedes „Country House Hotel" ist unerschwinglich. Es lohnt sich immer, beim örtlichen TIC oder am Empfang nachzufragen – selbst die pompösesten Hotels bieten außerhalb der Hauptsaison und/oder bei längerem Aufenthalt erhebliche Nachlässe an.

Ein Gesamtverzeichnis der TICs sowie Broschüren zu allen Unterkunftsmöglichkeiten erhält man beim **Scottish Tourist Board** (☎ 01 31/3 32 24 33).
Die **Scottish Youth Hostel Association** (7 Glebe Crescent, Stirling FK8 2JA, ☎ 0 17 86/ 89 14 00, Fax 89 13 33, E-mail: info@ syha.org.uk) gibt eine Liste ihrer ca. 90 Jugendherbergen heraus.

*** Edinburgh

Edinburgh ist nach London die meistbesuchte Stadt Großbritanniens. Sein Schloss ist *die* britische Touristenattraktion außerhalb Londons. Edinburgh ist die Gegenmetropole, die politische wie kulturelle Antithese zum erdrückenden Übergewicht Londons im öffentlichen Leben Großbritanniens. Hier hat man sich auf mehr Gäste eingerichtet, als sich die meisten Leute in einer Stadt dieser Größe vorstellen können: Während der Festspiele im August gibt es manchmal auf den Straßen der Innenstadt kein Durchkommen, ist kein Bett zu haben, das nicht auf Monate oder gar Jahre im voraus gebucht worden wäre. Und doch ist Edinburgh alles andere als ein unüberschaubarer Moloch. Eine der architektonisch geschlossensten und schönsten Städte Europas lädt dazu ein, in Ruhe ihre freundliche Atmosphäre und ihre Sehenswürdigkeiten zu genießen. Die Stadtplaner des 18. Jhs. sorgten für eine übersichtliche Aufteilung in vorwiegend klassizistische „Neustadt" und verwinkelte Altstadt. Das alles überragende Schloss auf dem schroffen Felsen verleiht der Stadt ihre unverwechselbare Silhouette und einen natürlichen Orientierungspunkt.

Mons Meg (15. Jh.) im Edinburgh Castle

Die Old Town von Edinburgh

Holyroodhouse

Detail an der Canongate Church, Edinburgh

Geschichte

Dieser Felsen, der Castle Rock, war nachweislich seit der Bronzezeit besiedelt. Als der Ort 638 n. Chr. an die Angeln gefallen war, ließ deren König Edwin dort seine Burg errichten. Eine der vielen Theorien um die Entstehung des Namens Edinburgh führt ihn auf „Edwin's Burgh" zurück.

Nachdem der Schottenkönig David I. seine Hauptstadt hierher verlegt hatte, wuchs der Ort um die 1128 gegründete Abtei von Holyrood entlang der Achse zwischen Burg und Kloster, heute als „Royal Mile" bekannt. Eine Hochblüte erlebte Edinburgh in der zweiten Hälfte des 15. Jhs.: Die erste Stadtmauer von 1450 musste bereits 1513 durch eine erweiterte ersetzt werden. Ab 1561 war Edinburgh der Regierungssitz Maria Stuarts und ihrer Nachfolger, doch als ihr Sohn Jakob VI. von Schottland 1603 in Personalunion englischer König wurde, verlegte er seine Residenz nach London.

In der zweiten Hälfte des 18. Jhs. wurde Edinburghs erneuter Aufschwung mit fieberhafter Bautätigkeit eingeleitet. Der Architekt James Craig erhielt 1767 den Auftrag, zur Entlastung der Altstadt nördlich des Schlosses die New Town zu planen – eine großzügig angelegte und bis heute vorzüglich erhaltene und gepflegte Neustadt („neu" im Gegensatz zur Old Town um Schloss und Royal Mile). Als König Georg IV. 1822 als erster britischer Monarch seit über hundert Jahren Edinburgh einen feierlichen Besuch abstattete, bestätigte er damit vor aller Welt die Bedeutung der Stadt als geschichtsträchtiges Zentrum der „schottischen Aufklärung", Wirkungsstätte der intellektuellen Elite und Sitz von Justiz und Verwaltung.

Die Old Town

** Edinburgh Castle ❶

Das Schloss bietet schon deshalb einen guten Ausgangspunkt für einen Gang durch die Stadt, weil man sich von hier aus einen großartigen Überblick verschaffen kann. Die eindrucksvolle Anlage hat auch selbst einiges zu bieten. In ihren Mauern befindet sich das älteste erhaltene Bauwerk der Stadt, die *St. Margaret's Chapel* (11. Jh.), außerdem kann man z. B. Maria Stuarts Gemächer besichtigen. Im *Crown Room* sind die schottischen Throninsignien ausgestellt: Zepter, Krone und Staatsschwert aus dem 15./16. Jh. symbolisieren die Eigenständigkeit Schottlands, weshalb im „Act of Union" von 1707, der die Realunion mit England besiegelte, eigens eine Klausel eingefügt wurde, die besagt, dass die Insignien niemals aus dem Schloss entfernt werden dürfen.

The Castle Esplanade

Auf dem Vorhof, der *Castle Esplanade,* findet jeden Sommer das „Edinburgh Military Tattoo" statt, der Aufmarsch der schottischen Regimenter unter Dudelsackklängen.

Der Innenhof ist von Gebäuden unterschiedlichsten Stils umgeben. Man stellt fest, dass hier in allen möglichen Epochen angebaut, abgerissen und verändert wurde. In den *Vaults* (den ehemaligen Verliesen) wird in einer Tonbildschau die Geschichte der gewaltigen mittelalterlichen Kanone Mons Meg dargestellt. Und außerdem wird im Schloss mit dem *Scottish National War Memorial* und dem *United Services Museum* der britischen Militärgeschichte gehuldigt.

Wenige Schritte vom Schlosseingang entfernt befindet sich das **Scotch Whisky Heritage Centre,** in dem man in einer Art ausgehöhltem Whiskyfass eine Rundfahrt durch die Geschichte des schottischen Nationalgetränks unternehmen kann. Die Tableaus sind z. T. recht eindrucksvoll, aber das Ganze wirkt stark auf Familienausflüge ausgerichtet – ob man Kinder möglichst früh mit der Romantik hochprozentiger Spirituosen vertraut machen sollte?

Von unten sieht man nur einen Teil von Edinburgh Castle

Die * Royal Mile

Vom Aufgang zum Schloss hat man einen sehr guten Überblick über die **Royal Mile** (bestehend aus den Straßen Castlehill, Lawnmarket, High Street und Canongate). Der Weg von hier bis Holyroodhouse – in gerader Linie ziemlich genau eine Meile (1,6 km) – ist manchem allerdings schon länger vorgekommen: Es gibt so viel Interessantes zu besichtigen, dass nicht jeder bis zum Ende durchhält.

Castlehill ❷ ist voller außergewöhnlicher Bauten. Unterhalb des Whisky Centre sieht man *Cannonball House* – im Westgiebel ist eine Kanonenkugel eingebettet, die bei einer der vielen Belagerungen vom Schloss her abgefeuert worden sein soll. An der Einmündung von Ramsay Lane steht *Ramsay Garden,* ein Wohnhaus von 1894, mit dem der Exzentriker Patrick Geddes die Erneuerung der Old Town einleitete – Ende des 19. Jahrhunderts war das Viertel völlig heruntergekommen gewesen. Gegenüber an der Ecke erhebt sich der *Outlook Tower* mit der Camera Obscura auf dem Dach. Das Gebäude stammt aus dem 17. Jh., die erste Camera Obscura wurde 1853 installiert. Ein verbessertes Instrument ist noch in staunenswerter Aktion zu erleben – nur mit seiner Hilfe kann man z. B. die siebzig Meter hoch an der *Tolbooth Church* angebrachten neugotischen Steinmetzarbeiten „in Großaufnahme“ bewundern.

Am Übergang zu **Lawnmarket** ❸ trifft man auf die ersten der kleinen Nebenstraßen, umbauten Höfe und Sackgassen, die für die Altstadt typisch sind: *Milne's Court* und *James Court.* Als die gegenwärtige Bebauung um 1700 entstand, gehörten die Wohnungen darin zu den gefragtesten in Edinburgh. Ein Gebäude zwischen James Court und Lawnmarket ist allerdings hundert Jahre älter: *Gladstone's Land* (das Wort „Land“ steht in der Scots-Mundart für Mehrfamilienhaus) ist heute wieder als gediegenes Stadthaus des 17. Jhs. eingerichtet und der Öffentlichkeit zugänglich. Nebenan in Lady Stair's Close findet sich in Lady Stair's House aus der gleichen Zeit das *Writers' Museum,* das mit Andenken an Robert Burns, Walter Scott und Robert Louis Stevenson voll gestopft ist.

Apropos Grusel...

Brodie's Close gegenüber dem Writers' Museum ist nach dem 1788 gehenkten Deacon Brodie benannt, tagsüber ein hochgeachteter Ratsherr, der des Nachts als Dieb durch die Gassen schlich – er soll das Vorbild für Stevensons „Dr. Jekyll und Mr. Hyde" gewesen sein.

Von Lawnmarket her sieht man die eindrucksvolle ***High Kirk of St. Giles** (mit kronenförmigem Turmaufsatz) in die *High Street* ❹ hineinragen. Das Äußere der Kirche stammt – mit Ausnahme des Turms – aus dem 19. Jh., und erst im Inneren kann man ermessen, wie alt das Bauwerk ist, dessen früheste Teile aus dem 14. Jh. bereits auf den Fundamenten einer normannischen Kirche (um 1120) errichtet wurden. St. Giles steht auf dem einzigen Stück ebener Erde zwischen dem Schloss und Holyroodhouse: Parliament Square. **Parliament House** an der Südseite des Platzes beherbergt sehenswerte Interieurs, insbesondere die Great Hall.

Tipp **Mercat Tours** (☎ 01 31/ 2 25 65 91, http://www. mercat-tours.co.uk) veranstaltet vom Mercat Cross vor St. Giles tgl. Führungen über die Royal Mile (11 u. 14 Uhr) sowie durch die Gassen und Gewölbe der Altstadt (Voranmeldung erwünscht); und die **Tron Kirk,** Ecke North und South Bridge, beherbergt ein lehrreiches Informationszentrum zur Geschichte der Altstadt.

Etwas östlicher steht ein Haus aus dem 16. Jh., das wie eine Filmkulisse wirkt, jedoch die Zeit fast unverändert überstanden hat: **John Knox's House** ist heute ein Museum zum Andenken an den Reformator und Prediger, der dort gewohnt haben soll (sicher weiß man nur, dass es einst einem Mann mit dem keineswegs seltenen Namen Knox gehört hat). Durch eine der Gassen gegenüber (Hyndford Close oder Fountain Close) gelangt man zum *Museum of Childhood*, angefüllt mit unzähligen Puppen und anderem Spielzeug.

Die High Kirk of St. Giles

An der nächsten Kreuzung beginnt **Canongate ❺**. Zwei Museen sind hier erwähnenswert: Im ehemaligen Hofgefängnis *Canongate Tolbooth* rekonstruiert das *People's Story Museum* mit originalgetreuen Innenräumen, Photographien und Alltagsobjekten die Sozialgeschichte Edinburghs aus der Sicht der Bevölkerung. Gegenüber im *Huntly House* wird die Stadtgeschichte anhand von prähistorischen und keltischen Funden, Kunsthandwerk und Porträts illustriert.

An der Royal Mile

Ein Durchgang bei Huntly House führt in einen der besterhaltenen Innenhöfe der Stadt, *Bakehouse Close*. Überhaupt lohnt sich der Blick in einige Closes am Canongate: *Lochend Close* beherbergt z. B. Panmure House, in dem der Nationalökonom Adam Smith bis zu seinem Tod 1790 wohnte.

Die „History of the Church of Scotland" in John Knox's House

Am unteren Ende von Canongate erhebt sich ** **Holyroodhouse ❻**, die offizielle Residenz der britischen Königin in Schottland. Der Palast begann seine Existenz als Gästehaus der Abtei. In seiner heutigen Form entstand das Gebäude nach 1671. Zu besichtigen sind die *State Apartments*, die Gemäldegalerie und die *Historic Apartments* der Maria Stuart.

Ein Pub-Schild im James Court

Die New Town

Einen großartigen Ausblick über die New Town bietet * **Calton Hill ❼**. Oben auf dem Hügel steht eine seltsame Ansammlung von Bauwerken: Das *Nelson*

Monument, das man gegen ein geringes Entgelt erklimmen kann, um ein noch weiteres Panorama zu genießen, die Gebäude des ehemaligen Königlichen Observatoriums *(City Observatory,* mit der 20-minütigen Tonbildschau *Edinburgh Experience* zur Geschichte der Stadt), und das nie vollendete *National Monument* – 1825 als Denkmal zu Ehren Gefallener gedacht, sollte es sein Vorbild, den Parthenon von Athen, mit der Zeit in den Schatten stellen, doch 1829 gingen den hochmütigen Bauherren die Gelder aus.

Princes Street ❽

Von Calton Hill kommend lässt man Waterloo Place und den Hauptbahnhof *(Waverley Station)* hinter sich, um die Princes Street zu erreichen. Zur Rechten mögen die Geschäftsfassaden den Eindruck der georgianischen Architektur verwischen, aber die Parkanlage links mit dem *Scott Monument* und dem steil aufragenden Schlossfelsen dahinter ist höchst eindrucksvoll. Als James Craig die Neustadt plante, sorgte er für drei Längsachsen (mit George Street in der Mitte) und ließ die jeweiligen Außenseiten (nördlich der Queen Street und südlich der Princes Street) absichtlich unbebaut.

An der Ecke zur Straße The Mound tut sich ein großzügiger Platz auf. Neben der *Royal Scottish Academy* für Malerei, Bildhauerei und Architektur steht die ****National Gallery of Scotland ❾**. Das Gebäude stammt aus der Mitte des 19. Jhs., mit Anbauten und Erweiterungen aus den letzten zwanzig Jahren. Die Gemäldesammlung gehört zu den bedeutendsten in Europa – neben Bildern weltberühmter Künstler von Raffael bis Rembrandt hängen hier wichtige Werke schottischer Maler (s. S. 15).

Charlotte Square ❿

Parallel zur Princes Street verläuft die George Street, an deren Westende der Charlotte Square liegt. Dieser 1791 von Robert Adam entworfene Platz ist der Inbegriff schottischer Architektur des Klassizismus. Die Nr. 7, das *Georgian House,* ist stilgerecht eingerichtet zu besichtigen. Wer nördlich von Charlotte Square die Queen Street überquert, an deren Ende sich das ****Museum of Antiquities ⓫** mit früh- und kunstgeschichtlichen Sammlungen sowie im gleichen Haus die ***Scottish National Portrait Gallery** befinden, trifft nun auf die Erweiterungen der New Town aus dem 19. Jh. mit eleganten Plätzen und Wohnhäusern. Hervorzuheben sind Moray Place und Royal Circus, deren Anlage und individuelle Bebauung vom Selbstbewusstsein des städtischen Bürgertums zeugen.

In der Chambers Street südlich der Royal Mile findet man das ***Royal Museum of Scotland ⓬**, mit Abteilungen für Kunsthandwerk, Natur- und Wissenschaftsgeschichte in einem schönen viktorianischen Bau. Direkt daneben hat 1998 das umstrittene **Museum of Scotland** aufgemacht – es zeigt in dem eleganten Neubau die Kulturgeschichte Schottlands chronologisch mit Ausstellungsstücken vom frühchristlichen Reliquiar bis zu Tony Blairs E-Gitarre.

Das Restaurant **The Tower** im Dachgeschoss des Museum of Scotland bietet großartige Ausblicke und exzellente Mahlzeiten.

Zum Thema Kunst nicht vergessen darf man auch die ****Scottish National Gallery of Modern Art,** Belford Road, mit bedeutenden Werken des 20. Jahrhunderts, darunter Picasso, Matisse und Vuillard, deutsche Expressionisten und schottische Koloristen.

Royal Botanic Gardens ⓭

Die Erkundung Edinburghs lässt sich zu einem gebührenden (und geruhsamen) Abschluss bringen, wenn man jenseits des *Water of Leith,* des bedeutendsten Wasserlaufs der Stadt, die **Royal Botanic Gardens** erreicht. Neben dem berühmten viktorianischen Palmenhaus befindet sich ein weiteres sehenswertes Gebäude im Park: *Inverleith House* ist ein georgianisches Landhaus von 1774, das heute für Ausstellungen genutzt wird. Die Botanic Gardens Cafeteria beim Haus bietet anständige Kost und wunderbare Ausblicke von den Tischen im Freien.

Ausflüge

Leith, Edinburghs Hafen im Nordosten der Stadt, hat eine ganz eigene malerische Atmosphäre. Nachdem der Ort und insbesondere das Hafenviertel mit dem Rückgang der Handelsschifffahrt lange unter hoher Arbeitslosigkeit und Vernachlässigung litten, ist die Gegend in den letzten Jahren in Mode gekommen. Die *Shore* genannte Straße am Ufer des Water of Leith, dort, wo es in den Hafen abfließt, bietet einladende Restaurants und Pubs. Sehenswert ist auf der anderen Seite des Flusses das klassizistische *Customs House* (19. Jh).

Der **Edinburgh Zoo** (Corstorphine Road/ A 8 westlich der Stadtmitte; ⏲ Mo–Sa ab 9 Uhr, So ab 9.30 Uhr) gilt als besonders gelungene Anlage (mit berühmtem Pinguinbecken). Er ist nach wie vor wegen seiner Kinderfreundlichkeit sehr beliebt, auch wenn die Tierhaltung in Zoos in jüngster Zeit oft kritisiert worden ist.

Praktische Hinweise

Tourist Information Centre (TIC), 3 Princes St, Edinburgh EH2 2QP (direkt am Hauptbahnhof), ☏ 01 31/5 57 17 00, FAX 5 57 51 18, http://www.edinburgh.org; Unterkunftsnachweis, Karten, Stadtführer (auch auf deutsch), Veranstaltungshinweise, Ausflüge etc.; freundlicher Service, meist auch mit Deutschkenntnissen.

The Caledonian, Princes St., EH1 2AB, ☏ 01 31/ 4 59 99 88, FAX 2 25 66 32. Luxuriöses, traditionsreiches Hotel mit Blick auf das Castle. $))

Sibbet House, 26 Northumberland St., EH3 6LS, ☏ 01 31/5 56 10 78,

Das Scott Monument an der Princes Street

Der stimmungsvolle Hafen von Leith

Architektur in Leith: Andrew Lamb's House

Fax 5 57 94 45, und **27 Heriot Row,** EH3 6EN, ☎ 01 31/2 20 16 99, Fax 2 25 94 74. Zwei (für das Gebotene) preiswerte Pensionen in eleganten Wohnhäusern der New Town, die allgemein hoch gelobt werden. $
Jugendherberge: 18 Eglinton Crescent, ☎ 01 31/ 3 37 11 20. Die „offizielle“ YHA-Jugendherberge ist nicht nur freundlich, sondern auch in großartiger Architektur untergebracht.

The Witchery, Castlehill, ☎ 2 25 56 13. Ein Restaurant mit schottischen Spezialitäten und Spuk direkt unterm Schloss. $
Henderson's, 94 Hanover Street, ☎ 2 25 21 31. Eines der ältesten und berühmtesten vegetarischen Restaurants in Großbritannien. $
Pubs: unter vielen gilt es zwei besonders zu empfehlen: **The Bow Bar,** Victoria Street/80 West Bow, hat eine hervorragende Bier- und Whisky-Auswahl; **Bannerman's,** 212 Cowgate, bietet Live-Bands, eine entsprechend lebhafte Atmosphäre und zu allem Überfluss sonntags ab 11 Uhr ein anständiges Frühstück.

Öffnungszeiten: Alle erwähnten Sehenswürdigkeiten sind Mo bis Sa mindestens von 10 bis 17 Uhr geöffnet; die Museen machen So nur nachmittags auf, in der Regel ab 14 Uhr und teils nur während der sommerlichen Hauptsaison (genaue Angaben beim TIC).

Festivals: Alljährlich findet in Edinburgh drei Wochen lang, Mitte August bis Anfang September, eines der größten Musik- und Theaterfestivals der Welt statt, mit großen Namen aus aller Welt (*International Festival of Music and Drama),* Büro: The Hub, Castlehill, Royal Mile, EH1 2NE, ☎ 01 31/4 73 20 00 (Kartenbestellung), 4 73 20 01 (allgem. Auskünfte) Fax 4 73 20 03; http://www.eif.co.uk (mit E-mail-Verbindung).
Hinzu kommen unter der Sammelbezeichnung *Festival Fringe* (Büro: 180 High Street, EH1 1QS, ☎ 01 31/ 2 26 52 57, http://www.edfringe.com) unzählige freie Theatergruppen, Komiker, Pantomimen etc., die ihre Auftritte auf eigene Rechnung absolvieren. Außerdem stehen im August das *International Film Festival* (Büro: 88 Lothian Rd., EH3 9BZ, ☎ 01 31/ 2 28 40 51), das *International Jazz and Blues Festival* (Büro: 116 Canongate, EH8 8DD, ☎ 01 31/ 5 57 16 42) und alle zwei Jahre – 1999, 2001 usw. – das *Book Festival* (Büro: 137 Dundee Street, EH11 1BG, ☎ 01 31/2 28 54 44) auf dem Programm.

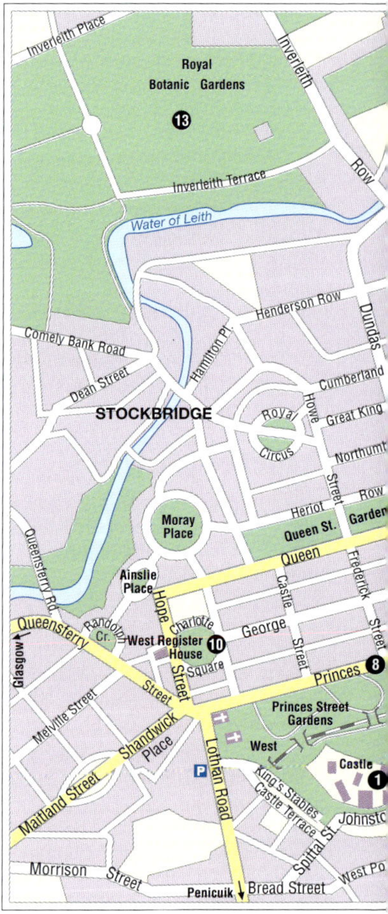

Jenners (48 Princes Street): Edinburghs hochklassiges Kaufhaus: Schottisches vom Tweed bis zur Marmelade.
Blackfriars Folk Music Shop (49 Blackfriars St.): CDs, einschlägige Literatur, traditionelle Instrumente;
Anta (32 High Street/ Royal Mile): alles Erdenkliche mit Tartanmuster, vom Vorhangstoff bis zum Essgeschirr, teils zu Fabrikpreisen;
Valvona & Crolla (19 Elm Row): italienische Delikatessen vom Feinsten, mit wunderbarem Café.

1. Castle
2. Castlehill
3. Lawnmarket
4. High Street
5. Canongate
6. Holyroodhouse
7. Calton Hill
8. Princes Street
9. National Gallery of Scotland
10. Charlotte Square
11. Museum of Antiquities und Portrait Gallery
12. Royal Museum of Scotland
13. Royal Botanic Gardens

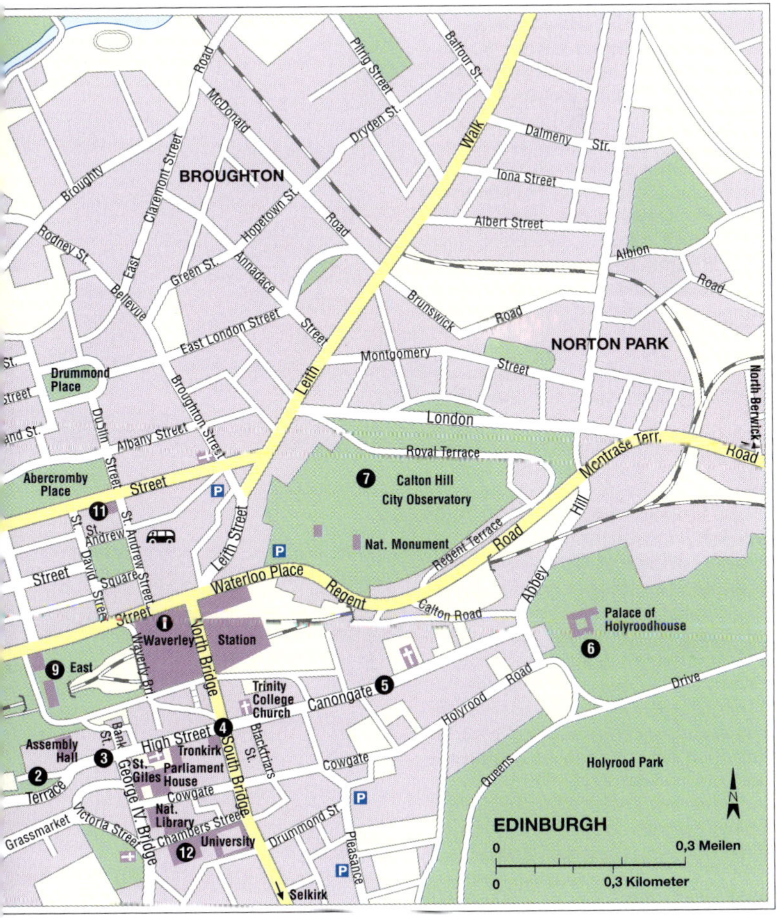

** Glasgow

„Edinburgh ist schottisch, Glasgow ist kosmopolitisch." Diese Feststellung des Autors H. V. Morton aus den zwanziger Jahren lässt sich heute noch belegen. Bis weit ins 20. Jahrhundert hinein war Glasgow nicht nur der schottische Auswanderungshafen, sondern nahm auch zahlreiche Einwanderer aus Irland, Italien, Indien, Pakistan und anderen Ländern auf. Anders als Edinburgh konnte Glasgow es sich nie leisten, in Betrachtung der eigenen glorreichen Vergangenheit zu verharren – ihren Ruf für besondere Vitalität hat die Stadt oft mit sozialen Umwälzungen und wirtschaftlichen Krisen bezahlt. Bis heute müssen sich viele Besucher erst einmal von dem Schock erholen, dort nicht einen großen Slum voller betrunkener Rowdies vorzufinden.

Glasgow hat sich in den letzten Jahren intensiv um eine Aufbesserung seines Image bemüht, und nicht zuletzt die Ernennung zur „europäischen Kulturhauptstadt" 1990 hat eine neue Sicht begünstigt. Wahr bleibt jedoch, dass es sich um eine Industrie- und Hafenstadt handelt, die unter hoher Arbeitslosigkeit leidet und deren Luftqualität sich erst besserte, als immer mehr Fabriken stillgelegt wurden. Ein geschlossenes Stadtbild ist hier nicht zu finden, dafür gibt es aber einige der bedeutendsten Bauten des europäischen Art nouveau (Glasgow Style), Prunkarchitektur der viktorianischen Hochkonjunktur, mehrere Museen von höchstem internationalem Ansehen – und nicht zuletzt nette Menschen. Immer wieder stellen Besucher, wie schon 1960 der Journalist Ian Nairn, verblüfft fest: „Glasgow ist ohne Zweifel die freundlichste der britischen Großstädte …"

Geschichte

Im sechsten Jahrhundert wurde an der Stelle, wo sich heute die Kathedrale erhebt, die erste Kirche erbaut. St. Mungo (auch Kentigern genannt), der Schutzheilige der Stadt, gründete damals ein Kloster, das zum Mittelpunkt einer stetig wachsenden Ansiedlung wurde. Als Wilhelm der Löwe dem „grünen Ort" (Glas cau) 1175 das Marktrecht verlieh, wurde er zum bedeutenden Handelsplatz. 1451 erfolgte die Gründung der Universität (der zweitältesten in Schottland), doch war Glasgow für da-

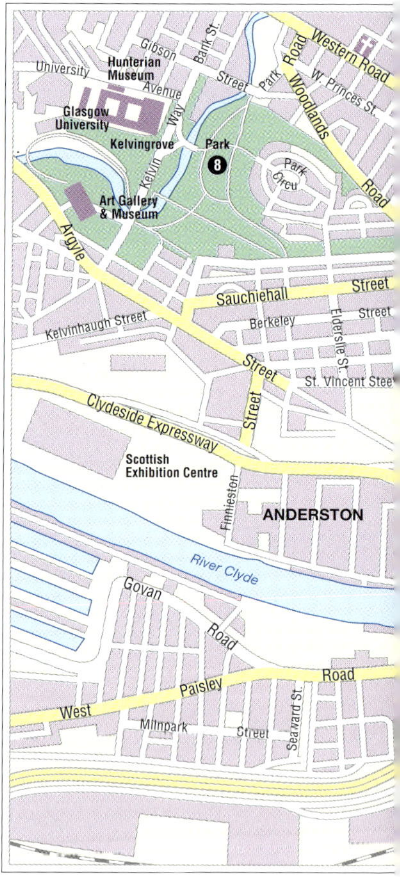

malige Verhältnisse ein kleiner Ort, dessen klerikale und akademische Einrichtungen weit bedeutender waren als die Stadt selbst. So weist die Geschichte der schottischen Königshäuser kaum eine Verbindung zu Glasgow auf, außer dass Maria Stuart hier 1568 (in Langside) ihre letzte Schlacht verlor – eine mittelalterliche Feste oder Adelspaläste sucht man im Stadtgebiet vergeblich. Um 1700 begann allmählich der wirtschaftliche Aufschwung, den Glasgow seinem natürlichen Hafen und den Erfordernissen der aufkommenden Schwerindustrie verdankte. Der See-

1. George Square
2. Buchanan Street
3. Glasgow Green
4. Cathedral Church of St. Mungo
5. Necropolis
6. Provand's Lordship
7. Glasgow School of Art
8. Kelvingrove Park

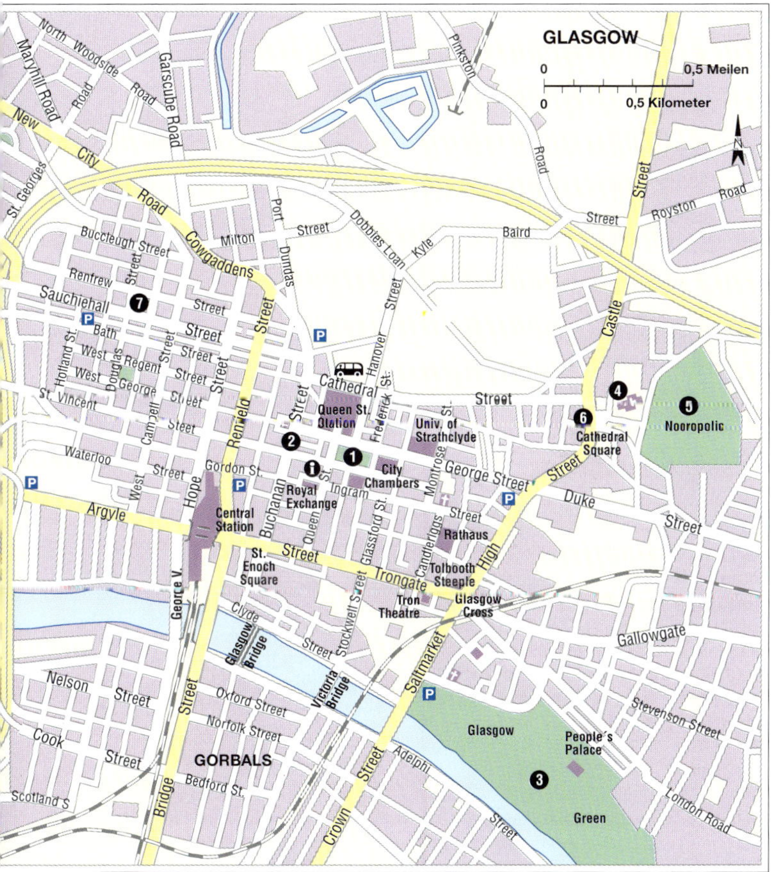

handel mit Amerika (insbesondere Tabak und Baumwolle) bedingte einen Schiffbau, der von Eisen, Stahl und kohlebeheizten Dampfmaschinen revolutioniert wurde – 1913 fertigten die Werften am Clyde fast ein Drittel des Weltbedarfs an Dampfschifftonnage. Die dafür benötigten Arbeitskräfte kamen aus den Highlands und aus Irland: Glasgow war 1780 eine Stadt mit 43 000 Einwohnern; diese Zahl hatte sich bis 1861 fast verzehnfacht (396 000), und 1901 war Glasgow mit 762 000 Einwohnern größer als heute.

Jede Wirtschaftskrise des 19. Jhs. entließ mehr Menschen in die inzwischen weltweit berüchtigten Slums. Eine der reichsten Städte des britischen Empire hatte zugleich die größten sozialen Probleme, und beide Aspekte lassen sich heute noch an der viktorianischen Prunkarchitektur und der qualvollen Enge der gleichzeitig entstandenen Reihenhaussiedlungen ablesen.

Der Niedergang der britischen Schwerindustrie seit Ende der 60er Jahre traf Glasgow besonders hart, und erst in letzter Zeit ist es der Stadtverwaltung gelungen, dem Image der Stadt als Bewahranstalt für betrunkene, arbeitslose Fußballfanatiker durch diverse Regenerationsmaßnahmen und die Betonung kultureller Vielfalt entgegenzuwirken.

*George Square ❶

Wer einen Rundgang auf dem großzügig angelegten George Square vor der Fassade der City Chambers beginnt, bekommt gleich den gehörigen Eindruck von Glasgows Blütezeit und deren Ambitionen. Die Anlage des Platzes ist typisch viktorianisch, mit einer bezeichnenden Auswahl von Statuen und Monumenten: Neben der alles beherrschenden Figur von Sir Walter Scott auf seiner 24 m hohen Säule finden sich (unter anderem!) Bildnisse des Chemikers Thomas Graham, des Publizisten Thomas Campbell, der Politiker Robert Peel, William Gladstone und James Oswald, des Generals Lord Clyde, des Ingenieurs James Watt, und natürlich dürfen Standbilder von Queen Victoria und Prinz Albert nicht fehlen.

Die ganze Ostseite des Platzes wird vom monumentalen Rathaus, den ***City Chambers,** eingenommen. Der Bau sollte nach dem Willen seines einheimischen Architekten William Young als „freie und würdevolle Umsetzung der italienischen Renaissance" entstehen. Die Fassaden sind bewusst unterschiedlich in Anlehnung an venezianische und römische Vorbilder gestaltet. Wer vom Äußeren des Gebäudes beeindruckt ist, den dürfte die Gestaltung der frei zugänglichen Eingangshalle (von Young als „Loggia" bezeichnet) umwerfen – hier ist (im finanziellen wie im stilistischen Sinne) wahrhaftig an nichts gespart worden.

Eine besondere Freude ist die 1996 unter heftigen Kontroversen eröffnete ***Gallery of Modern Art** (Queen Street) mit innovativen Ausstellungen der neuesten schottischen Kunst (Installationen, Concept Art, Fotografie).

Um Buchanan Street ❷

Die Buchanan Street, teilweise als Fußgängerzone angelegt, ist Glasgows feinste Ladenstraße.

Neben dem Kaufhaus **Frasers** und dem renommierten Traditions-Schottenausstatter **Highland House of Lawrie** gibt es im Einkaufszentrum **Princes Square** die elegantesten bzw. modebewusstesten teuren Läden der Stadt. Am Südende der Straße trifft man auf **Argyll Arcade** mit ihren zahlreichen Juweliergeschäften, jenseits der Argyle Street liegt das moderne Ladenzentrum am **St. Enoch Square,** unweit befindet sich Glasgows größter Buchladen **John Smith's** (St. Vincent Street).

Die schmalen Straßen östlich des St. Enoch Shopping Centre (Parnie Street, King Street) bilden ein kompaktes Viertel voller Kunstgalerien, Kramläden und Antiquariate.

Das **Tron Theatre** (63 Trongate) am Nordrand des Viertels bietet auf seiner kleinen Bühne viel gelobtes Sprechtheater, und das angeschlossene Restaurant ist von hoher Güte.

Glasgow Green ❸

Von St. Enoch Square aus am Clyde-Ufer angekommen, sieht man links die Fußgängerbrücke und kann am Flussufer entlangflanieren, vorbei am ehemaligen Fischmarkt bis hin zum Glasgow Green. Der Park diente im 18. Jh. als Weide und den Baumwollfärbern zum Auslegen und Trocknen ihrer Tuche, ehe 1815 die heutige Grünanlage begonnen wurde. Mitten darin erhebt sich der **People's Palace.** 1893–1898 „für die Erholung und Bildung der Bevölkerung des Glasgower East End" gebaut, beherbergt er heute Sammlungen und Ausstellungen zur Sozialgeschichte der Stadt, die sich der Maler Ken Currie auch zum Thema seiner groß angelegten Gemälde gemacht hat. Hier kann man, wenn nicht gerade einer der allzu häufigen Umbauten im Gange ist, den Geist Glasgows aufsaugen: Der Kampf um Frauenwahlrecht und Gleichberechtigung, die Arbeiterbewegung, der Alltag während der Weltkriege, Glasgow Style, Viktoriana, Punk – all das (und vieles mehr) macht deutlich, wie die Stadt zu ihrem heutigen Charakter gekommen ist. Der riesige Wintergarten aus Gusseisen und Glas, der sich hinten an den People's Palace anschließt, erlitt 1998 bei einem Brand leider erhebliche Schäden.

Nördlich des Parks, zwischen London Road und Gallowgate, findet jedes Wochenende unter Dach und im Freien der größte Flohmarkt Schottlands statt, eine Glasgower Institution und ein Erlebnis für sich. **The Barrows** (oder „Barras" nach der üblichen Aussprache – das Wort bedeutet „Karren") breitet sich am Samstag/Sonntag über das ganze Viertel aus und wimmelt von Touristen, ein-

Abends am George Square

Die äußerst prunkvolle Eingangshalle der City Chambers (vgl. a. S. 16)

Der People's Palace, Ort sozialgeschichtlicher Ausstellungen

heimischen Schnäppchenjägern, echten und nicht ganz echten „Originalen“. Zu kaufen gibt es alles vom gebrauchten Einwegfeuerzeug bis zu beachtlichen Antiquitäten. In der gleichen Gegend (vorwiegend in den Gassen hinter Bridgegate) findet montags bis samstags der sogenannte **Paddy's Market** statt, der weit gehend dem Bemühen der Armen vorbehalten ist, irgendwie zu Geld zu kommen.

Rings um die Kathedrale

****Cathedral Church of St. Mungo ❹** lautet die offizielle Bezeichnung für die Glasgower Kathedrale, die hügelaufwärts am oberen Ende der High Street gelegen ist. Der äußere Anblick des gotischen Bauwerks aus dem 13. Jh. wäre noch eindrucksvoller, wenn daneben nicht der riesige Krankenhauskomplex des Royal Infirmary aufragen würde. Dennoch ist St. Mungo die bedeutendste schottische Kirche aus dieser Zeit, in der Krypta finden sich Reste noch älterer Sakralbauten.

Die nach dem Vorbild des Pariser Friedhofs Père Lachaise angelegte *Necropolis* ❺ auf dem Hügel hinter der Kathedrale ist (offiziell) wegen Baufälligkeit geschlossen. *Provand's Lordship* ❻ gegenüber der Kirche, ein 1471 errichtetes Pfarrhaus, dient heute als stadthistorisches Museum.

Auf zu Mackintosh

Der Anfang von Sauchiehall Street wäre eine normale Fußgängerzone, wenn nicht im Haus Nr. 217 die **„Willow Tea Rooms“** wären, wo man nachmittags in einzigartigem Ambiente zu Kaffee und Kuchen einkehren kann. Die in Lila und Silber gehaltene Einrichtung bietet einen Vorgeschmack auf das Wirken von Charles Rennie Mackintosh, dem Begründer des „Glasgow Style“. Der 1868 geborene Mackintosh gilt heute als einer der führenden Architekten und Designer des europäischen Art nouveau.

Wenn man von der Sauchiehall Street bergauf in die Dalhousie Street einbiegt, sieht man bald links sein Hauptwerk, das Gebäude der ****Glasgow School of Art ❼**. Hier an der älteren Ostseite des Baus sind Elemente wuchtiger schottischer Burgenarchitektur zu erkennen. Die Längsfassade mit dem Haupteingang in der Renfrew Street macht einen vergleichsweise aufgelockerten Eindruck, und der Westflügel, 1907 (zehn Jahre nach dem Ostteil) entworfen, wirkt mit seinen vertikal ausgerichteten Fensternischen ausgesprochen modern. Mackintosh hatte nach eigener Aussage mehr Spaß an der Planung von Inneneinrichtungen als von Gebäuden, und die atemberaubende Bibliothek beweist sein Können. Das Gebäude beherbergt nach wie vor die Glasgower Kunstakademie, und es ist nicht immer möglich, die Innenräume und die Sammlung von Aquarellen und Skizzen unangemeldet zu besichtigen.

i Beim TIC (s. S. 42) oder unter ☎ 3 53 45 26 kann man Führungszeiten usw. erfragen. Materialien zum Glasgow Style von Mackintosh, Herbert McNair sowie Frances und Margaret Macdonald sind auch in der von Mackintosh entworfenen *Queen's Cross Church* (Garscube Road) bei der Charles Rennie Mackintosh Society erhältlich.

Um Kelvingrove Park ❽

Sauchiehall Street zieht sich durch die ganze Innenstadt. Wer jenseits der Stadtautobahn nach Norden in den Park abbiegt, trifft bald auf eine höchst eindrucksvolle Wohnanlage aus dem späten 19. Jh., bestehend aus Park Gate, Park Circus, Park Terrace und Park Quadrant. Der Gesamtentwurf stammt von Charles Wilson (1854).

Hier wohnten damals die Ton angebenden Familien Glasgows und an den Südrand „ihres“ Parks setzten sie sich „ihren“ Kunsttempel ****Glasgow Art Gallery and Museum.** Die Sammlungen können es allemal mit den großen Nationalmuseen von Edinburgh aufnehmen. Neben weltbekannten Werken von Botticelli bis Dalí ist hier eine hervorragende Auswahl schottischer Künstler des 19. Jhs. zu sehen – die Avantgardisten unter ihnen waren ohnehin meist in Glasgow tätig. Natürlich darf ein Saal mit Werken von Charles Rennie Mackintosh nicht fehlen, aber damit ist der „Glasgow Style" noch keineswegs abgehakt.

Wenn man der großzügig angelegten Straße Kelvin Way nordwärts durch den Park folgt, trifft man auf den monströsen viktorianischen Campus der **University of Glasgow.** Modernen Betrachtern mögen keine großen Unterschiede zwischen dem Stil der Hauptgebäude und den Prunkbauten anderswo in der Stadt auffallen, aber 1863/1864 kam es zu heftigen Auseinandersetzungen, als der englische Architekt George Gilbert Scott mit dem

Die Kathedrale St. Mungo

Das Pollok House und sein Garten

Pollok Park – Kunst im Grünen

Für eine alte Industriestadt verfügt Glasgow über erstaunlich viele Grünflächen und streitet sich sogar mit London und anderen europäischen Städten um den „Rekord", die Stadt mit dem höchsten Prozentsatz an Parkanlagen zu sein. Jenseits der ehemals berüchtigten Arbeiter- bzw. Arbeitslosenviertel Gorbals und Govan (mit dem Fußballstadion der Glasgow Rangers, Ibrox Park) südlich des Flusses erstreckt sich die mit 147 Hektar größte Grünanlage,

Pollok Park. Dort befinden sich zwei bedeutende Gebäude mit ebensolchen Kunstsammlungen, aber an schönen Tagen kommen auch jene Glasgower hierher, die gerade nichts Höheres im Sinn haben, als sich ein Picknick und einige Sonnenstrahlen zu gönnen.

Die beiden Museen könnten kaum unterschiedlicher sein. Die ** *Burrell Collection* in ihrem preisgekrönten modernen Gebäude beherbergt ein Sammelsurium wertvoller Gegenstände aus dem Besitz des Reedereimagnaten Charles Burrell. Der hatte sein Vermögen in chinesische Keramik, Antiquitäten aus dem Mittelmeerraum, persische Teppiche und Kunsthandwerk des europäischen Mittelalters gesteckt. Als er dies alles 1944 der Stadt vermachte, sorgte er sich jedoch um die Auswirkungen der industriellen Luftverschmutzung auf seine Schätze und bestimmte, dass sie mindestens 25 km von der Stadt entfernt untergebracht werden müssten. Erst 1967 erklärten sich seine Erben bereit, die Sammlung im Pollok Park unterbringen zu lassen. Der war damals gerade von Mrs. Anne Maxwell Macdonald an die Stadt übergeben worden, samt ** *Pollok House*, dem klassizistischen Herrenhaus ihrer Familie, und dessen verblüffender, weil kaum bekannter Sammlung spanischer Gemälde (darunter Werke von El Greco, Murillo und Goya!).

Entwurf beauftragt wurde und zu allem Überfluss noch einen englischen Bauunternehmer engagierte. Zur Universität gehört auch das **Hunterian Museum,** gegründet auf die Kuriositäten-, Fossilien- und Münzsammlungen von William Hunter. Das Museum mit dem berühmten Münzkabinett hat mehrere Preise gewonnen – es ist immer gut, in Glasgow auf die Ankündigungen seiner Sonderausstellungen zu achten. Die ***Hunterian Art Gallery** umfasst eine Gemälde- und Graphiksammlung, die ebenfalls auf Hunter zurückgeht, aber aktiv fortgeführt wurde (u. a. Werke von Whistler, Graphiken von Gauguin, Cézanne, Picasso, Kandinsky, Warhol), und die Rekonstruktion des Mackintosh House – die Stadt Glasgow hat in den letzten Jahren erkannt, dass Mackintosh für ihr Image Ähnliches leistet wie Antonio Gaudi für Barcelona.

Praktische Hinweise

Tourist Information Centre (TIC), 11 George Sq., Glasgow G1 2DY (an der Südseite des weiten Platzes), ☎ 01 41/ 2 04 44 00, Fax 2 04 47 72; Unterkunftsnachweis, Stadtpläne und Stadtführer (auch auf Deutsch), Veranstaltungshinweise, Ausflüge etc.; meist ist jemand mit Deutschkenntnissen zur Hand.

Nah- und Fernverkehr: Neben den lizensierten Taxis und orangefarbenen städtischen Bussen gibt es eine U-Bahn-Rundstrecke an der Peripherie der Innenstadt. Die beiden Hauptbahnhöfe *Central Station* (England, Südosten/Zubringer zur Irlandfähre in Stranraer) und *Queen Street Station* (Norden/Highlands, Osten/Edinburgh) verbindet eine spezielle Buslinie. Genauere Informationen gibt es im *St. Enoch Square Travel Centre.*

One Devonshire Gardens, Glasgow G12 0UX, ☎ 01 41/ 3 39 20 01, Fax 3 37 16 63. Das nach seiner Adresse benannte, sehr schicke Haus wurde 1993 zum britischen Hotel des Jahres gewählt. $$$

Babbity Bowster, 16 Blackfriars Street, ☎ 01 41/5 52 50 55, Fax 5 52 77 74. Ein kleines zentral gelegenes Hotel mit gutem Restaurant und fröhlichem Pub. $$

The Town House, 4 Hughenden Terrace, ☎ 01 41/3 57 08 62, Fax 3 39 96 05. Preiswerte, ruhige Pension mit geräumigen Zimmern; freundliche Betreuung. $$

Baird Hall, Strathclyde University, 460 Sauchiehall Street, ☎ 01 41/3 32 64 15. Eine billige Bleibe mit 194 Zimmern in den Semesterferien (11 ganzjährig) bietet der äußerlich grandiose Art-déco-Bau, heute ein Studentenwohnheim. $

Gleddoch House, Langbank, ☎ 0 14 75/54 07 11, Fax 54 02 01. 30 km vom Stadtzentrum entfernt (Westende der Stadtautobahn M 8), befindet sich dieses opulente Landhaus mit bester schottischer Küche; Golfplatz. $$$

One Devonshire Gardens. Nicht unerwähnt bleiben darf das viel gelobte Restaurant des oben genannten Hotels – auch wenn schon manchem dazu das Attribut „hochgestochen“ einfiel. $$$

The Ubiquitous Chip, 12 Ashton Lane/ Byres Rd, ☎ 3 34 50 07. Eine Glasgower Institution mit Stil, frischem Fisch und erstaunlicher Weinkarte. Bistro $$, Restaurant $$$

The Granary in einer stillen Ecke zwischen dem St.-Enoch-Einkaufszentrum und dem Fluss, 82 Howard Street, ist eine Teestube, bis abends geöffnet, mit selbst Gebackenem und vegetarischen Gerichten erster Güte. $

Pubs: **Blackfriars,** 36 Bell Street. Diese Kneipe mit allem Drum und Dran, d. h. Livemusik, Livecomedy, anständigem Essen und gutem Bier sei von den unzähligen Pubs herausgegriffen (siehe auch **Babbity Bowster Hotel**). Gute Pubs und Esslokale (teils unter einem Dach, viele mit Livemusik) findet man im West End, insbesondere in Woodlands Road, Byres Road und Ashton Lane.

Öffnungszeiten: Die erwähnten Sehenswürdigkeiten sind Mo–Sa mindestens 10–17 Uhr geöffnet; die Museen machen So in der Regel erst ab 14 Uhr auf (genaue Angaben beim TIC).

*Aberdeen

Dafür, dass Aberdeen jahrhundertelang ein Zentrum des Welthandels war, ist es heute recht abgelegen. Reisende müssen sich bewusst entscheiden, die Stadt zu besuchen: Sie liegt fernab der Hauptrouten in die Highlands, und man durchquert kilometerweit unbebaute Landschaft, ehe man auf die unscheinbaren, von Kleinindustrie und Vorortsiedlungen geprägten Ausläufer Aberdeens trifft. Und bei der Suche nach Unterkunft stellt man fest: Die Stadt ist in erster Linie auf das Geschäft mit dem Nordsee-Öl eingerichtet, erst in zweiter Linie auf Touristen – während beispielsweise in Edinburgh am Wochenende die Kurzurlauber einfallen, sind die Hotels von Aberdeen an Arbeitstagen voll und preisen dafür ihre Sonderangebote für die Wochenenden an.

Und doch hat die Stadt, die sich zunehmend als Urlaubsziel für die ganze Familie empfiehlt, Besuchern einiges zu bieten: ein unverwechselbares Stadtbild, von Granitbauten und Blumenrabatten bestimmt; eine weit zurückreichende, wechselvolle Geschichte; einige herausragende Museen – und einen Einblick in den schottischen Wirtschaftszweig, der in den vergangenen Jahren ganz Großbritannien über Wasser gehalten hat.

Einkaufszentrum in Glasgow

Das King's College, Aberdeen

Das Marischal College in Aberdeen

Geschichte

Die Lage Aberdeens an der Mündung des Flusses Dee mit ihrem natürlichen Hafen lässt erwarten, dass die Stadt auf eine lange Geschichte zurückblicken kann, und in der Tat wurden hier prähistorische, römische und piktische

Ansiedlungen nachgewiesen. Bereits 1136 erhielt Aberdeen dank seiner Bedeutung für den Seehandel das Recht, einen Schiffszoll einzutreiben, und 1179 folgte die Erhebung zur „Royal Burgh". 1336/37 ließ Eduard III. von England die Stadt niederbrennen, wonach sie großzügiger und weitläufiger wieder aufgebaut wurde. Die Bedeutung Aberdeens lässt sich daran ermessen, dass es hier schon 1495 zur Gründung der Universität kam – sie ist die drittälteste in Schottland. In den folgenden Jahrhunderten florierte die Stadt als bedeutender Fischerei- und Handelshafen mit dem größten Viehmarkt nördlich des Firth of Forth.

Während der jakobitischen Aufstände 1715 und 1745 schloss sich die Stadt „offiziell" den Rebellen an, doch blieben ihre Tore um des lieben Friedens und des Handels willen stets allen Parteien offen. Im 18. und 19. Jh. erlebte Aberdeen eine besondere Blüte durch Kolonialhandel und Textilindustrie – die notwendig gewordene Erweiterung des Hafens führte 1869 zum damals unerhörten Projekt der Umleitung des Dee. Genau hundert Jahre später erfolgte der nächste große Umbau der Hafenanlagen, um Anlegeplätze für moderne Fähren und die Versorgungsschiffe der Nordsee-Bohrinseln zu schaffen – der Ölboom hatte eingesetzt und sollte der Stadt wieder zu einer zentralen Stellung im schottischen Wirtschaftsleben verhelfen.

Vom Hafen ❶ zum Anthropologischen Museum

Der **Hafen** ist Zentrum und Lebensgrundlage der Stadt. Das Gelände ist (mit etwas Vorsicht) für Besucher frei zugänglich.

Tipp Wer seinen Rundgang früh beginnt, kann vor 7.30 Uhr morgens im modernen **Fischmarkt** am *Albert Basin* (Market Street) die geschäftigen Versteigerung des kurz zuvor angelandeten Fangs miterleben.

❶ Hafen
❷ Maritimes Museum
❸ Kirk of St. Nicholas
❹ Aberdeen Art Gallery and Museum
❺ Provost Skene's House
❻ Anthropological Museum
❼ St. Machar's Cathedral
❽ Brig o' Balgownie

Das **Maritime Museum** ❷ im Provost Ross's House an der Shiprow nördlich des Upper Dock verschafft einen Überblick über die Geschichte des Hafens. Das Gebäude selbst ist eine Sehenswürdigkeit – es wurde 1593 als Wohnhaus eines reichen Händlers erbaut. Südlich von Union Street bietet *The Satrosphere* (heißt wirklich so!) in Justice Mill Lane Naturwissenschaft und Technik zum Anfassen – ein Paradies für Knopfdrücker, Kurbeldreher und Experimentierfreudige jeden Alters.

Die Innenstadt nördlich des Hafens drängt sich um die zwei monströsen Einkaufszentren **Bon Accord Centre** und **St. Nicholas Centre,** die alles Nötige und dazu eine gute Auswahl an Tweed und Wolle führen.

Die **Kirk of St. Nicholas** ❸ umfasst Teile eines Baus aus dem 12. Jahrhundert. Während der Reformation wurde die Kirche unterteilt und von beiden Konfessionen benutzt. In der Krypta des Ostteils hielt man im 17. Jh. „Hexen" gefangen, an den in die Wand eingelassenen Eisenringen waren angeblich ihre Ketten befestigt.

***Aberdeen Art Gallery & Museum** ❹ an der Ecke Blackfriars Street/Schoolhill zeigt neben einer ansehnlichen Sammlung europäischer Gemälde mit Schwerpunkt vom 18. bis 20. Jh. insbesondere Werke zeitgenössischer schottischer Künstler. Daneben ist die Ausstellung schottischen Kunsthandwerks in Silber und Glas von Bedeutung. Die „Macdonald Collection" im Obergeschoss ist einzigartig: Sie präsentiert 92 Selbstbildnisse britischer Maler.

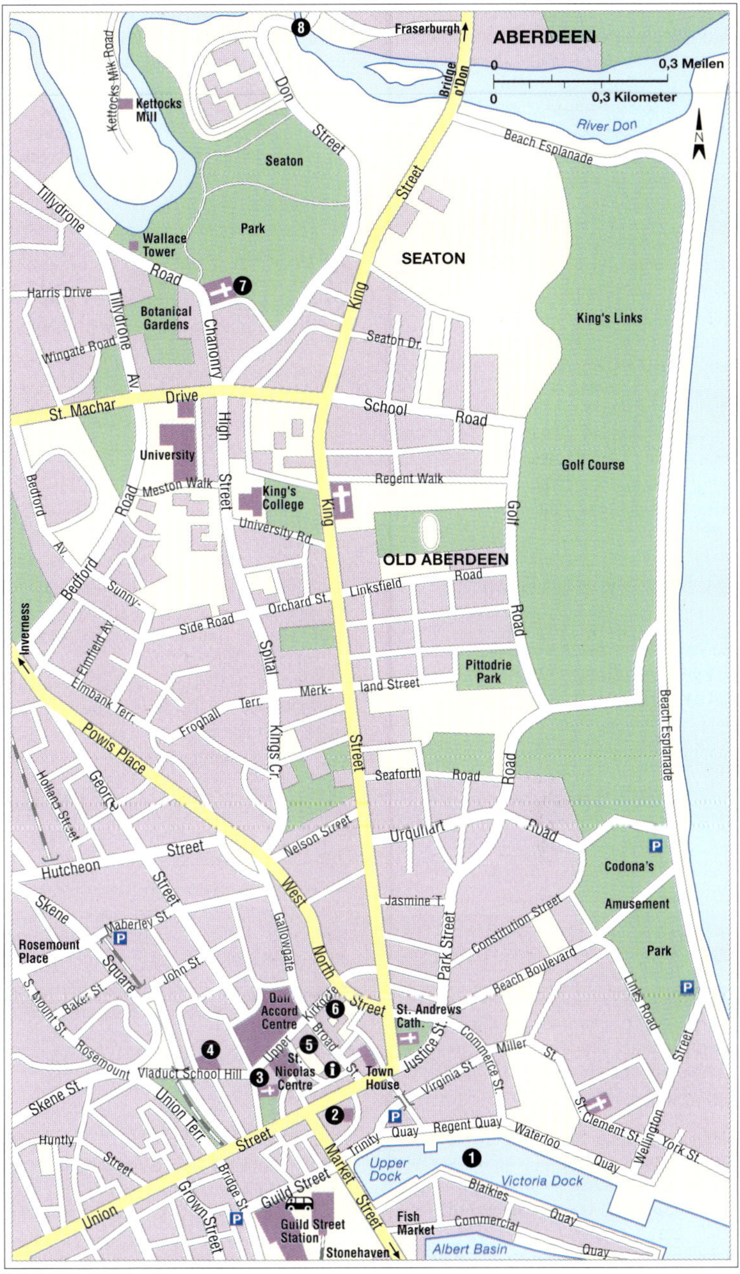
ABERDEEN
0
0,3 Meilen
0
0,3 Kilometer
N
Fraserburgh
Bridge o'Don
River Don
Beach Esplanade
Kettocks Mill Road
Kettocks Mill
Don Street
Seaton Park
King Street
Tillydrone Road
Wallace Tower
SEATON
Harris Drive
Tillydrone Av.
Botanical Gardens
Chanonry
King's Links
Wingate Road
Seaton Dr.
St. Machar Drive
School Road
University
High Street
Golf Course
Regent Walk
Bedford Av.
Meston Walk
King's College
Golf Road
University Rd.
OLD ABERDEEN
Bedford Road
Linksfield Road
Sunny-Side Road
Orchard St.
Inverness
Elmfield Av.
Spital
Pittodrie Park
Elmbank Terr.
Merkland Street
Froghall Terr.
Kings Cr.
Beach Esplanade
Powis Place
Seaforth Road
Holland Street
George Street
Nelson Street
Urquhart Road
Hutcheon Street
West North Street
Codona's Amusement Park
Skene Square
Jasmine T.
Maberley St.
Gallowgate
Park Street
Constitution Street
Rosemount Place
Beach Boulevard
John St.
Baker St.
St. Mount St.
Bon Accord Centre
Kirkgate
Links Road
St. Andrews Cath.
Broad St.
Upper Kirkgate
Justice St.
Commerce St.
Rosemount Viaduct
School Hill
St. Nicolas Centre
Town House
Miller St.
Skene St.
Union Terr.
Virginia St.
St. Clement St.
Wellington Street
York St.
Huntly Street
Union Street
Trinity Quay
Regent Quay
Waterloo Quay
Market Street
Upper Dock
Victoria Dock
Bridge St.
Crown Street
Guild Street
Blaikies Quay
Guild Street Station
Fish Market
Commercial Quay
Albert Basin
Stonehaven
P
1
2
3
4
5
6
7
8

Eingeklemmt zwischen Ladenzentren und Bürohäusern wirkt **Provost Skene's House** ❺ in Flourmill Lane wie ein Anachronismus; das älteste erhaltene Wohnhaus der Stadt (um 1545) wurde sorgfältig restauriert und ist heute ein Museum, dessen Räume im Stil verschiedener Bewohner über die Jahrhunderte eingerichtet sind.

Das **Marischal College* an der Broad Street wurde 1593 als protestantisches „Konkurrenzunternehmen" zu dem katholischen King's College gegründet, doch lässt sich das wahre Alter der Anlage erst erahnen, wenn man hinter die neugotische Fassade vorgedrungen ist. Eine Abteilung des dort untergebrachten **University of Aberdeen Anthropological Museum** ❻ befasst sich mit den prähistorischen Bewohnern Schottlands, insbesondere aus der Gegend um Aberdeen.

Im Norden der Stadt

Old Aberdeen erreicht man über die George Street oder die Hauptverkehrsstraße King Street, die hinter dem Marischal College nach Norden führt. An der parallel verlaufenden High Street liegt *King's College*, das ältere der beiden Colleges der Universität. Die Kapelle stammt von ca. 1500 und beherbergt das Grab des Universitätsgründers Bischof Elphinstone, dessen Ehrenmal vor dem Gebäude aufragt.

Brig o' Balgownie

Ihr Bau, heißt es, sei vom schottischen Volkshelden Robert Bruce persönlich befohlen worden. Der Seher Thomas the Rhymer soll prophezeit haben, die Brücke werde einstürzen, wenn eines Vaters einziger Sohn auf dem einzigen Fohlen einer Stute darüber reite. Lord Byron, der in Aberdeen zur Schule ging, erzählt, wie er als Einzelkind in wohligem Erschauern gezögert habe, die Brücke zu überqueren.

***St. Machar's Cathedral** ❼ mit der wunderbaren Eichenholzdecke im Mittelschiff ist das älteste Granitgebäude in einer Stadt, die oft als „Granite City" bezeichnet wird. Das Viertel um die Kirche mit seinen bis zu dreihundert Jahre alten Bürgerhäusern, dem Kopfsteinpflaster und der Atmosphäre stiller Gediegenheit lohnt durchaus einen geruhsamen Spaziergang, der bis zur **Brig o' Balgownie** ❽ über den Fluss Don führen kann. Dies ist die älteste gotische Brücke Schottlands, und über sie kursieren alle möglichen Geschichten.

Ausflug: Crathes Castle

Von den vielen Adelssitzen in der Umgebung Aberdeens ist Crathes Castle wohl der meistbesuchte (🕓 Haus: Ostern bis Okt. tgl. ab 11 Uhr; Gärten etc. ganzjährig ab 9.30 Uhr). Zum einen ist es über die Fernstraße A 93 bequem erreichbar, zum anderen erfüllt es alle Anforderungen, die man an ein „typisch schottisches" Schloss stellen kann: Hinter den malerischen Zinnen des 1553–1594 entstandenen Baus verbergen sich nicht nur drei Räume mit eindrucksvollen Deckenmalereien im typisch schottischen Stil, sondern auch diverse Gespenster, darunter die „Green Lady". Sie soll mit ihrem Kind im Arm umgehen – in ihren Gemächern hat man unter der Kaminplatte das Skelett eines Säuglings gefunden.

Die über 240 Hektar großen, in Parzellen aufgeteilten *Gärten* von Crathes Castle sind ein besonderer Genuss und bei Ausflüglern aus Aberdeen ebenso beliebt wie bei Touristen. Besuchern werden mit einem Café, Informationszentrum und Andenkenladen alle erdenklichen Annehmlichkeiten geboten.

Praktische Hinweise

i Tourist Information Centre (TIC), St. Nicholas House, Broad Street, Aberdeen AB9 1DE (gegenüber dem Marischal College), ☎ 0 12 24/ 63 27 27, FAX 62 04 15;

Unterkunftsnachweis, Karten und Stadtführer (einige Broschüren auf deutsch), Veranstaltungshinweise, Ausflüge etc.

Tipp Das TIC informiert auch über die **Aberdeen Highland Games** im Juni und die zahlreichen anderen Highland Games der Umgebung einschließlich Braemar sowie über das alljährlich um Ostern stattfindende **Scottish Connection Festival** mit spezifisch schottischem Kulturangebot.

Caledonian Thistle, 10-14 Union Terrace, AB9 1HE, ☎ 0 12 24/64 02 33, Fax 64 16 27. Traditionelles Stadthotel mit allen Annehmlichkeiten. $$
Craiglynn Hotel, 36 Fonthill Road, AB11 6UJ, ☎ 0 12 24/58 40 50, Fax 21 22 25. Hier findet man preiswerte viktorianische Eleganz, verbunden mit schottischer Küche. $$

Silver Darling, Pocra Quay/ North Pier Road, ☎ 57 62 29. Das Restaurant am Hafen serviert exquisite Fischgerichte (zu entsprechend exquisiten Preisen). $$
The Lemon Tree, 5 West North Street (☎ 64 22 30). Pub-Restaurant mit Theater und Livemusik im ersten Stock. $
Pubs: Der berühmteste weit und breit ist **The Prince of Wales** in St. Nicholas Lane. Er ist zwar riesig, aber auch fast immer voll und jeden Tag (auch So!) von 11 bis 23 Uhr geöffnet; mittags gibt es preisgünstige Mahlzeiten. **Booth Pub,** Black Wynd, ist etwas ruhiger, mit einer großen Auswahl von Pies zum gepflegten Bier.

Öffnungszeiten: Alle im Text erwähnten Sehenswürdigkeiten sind Mo bis Sa mindestens von 10–17 Uhr geöffnet; die Museen machen sonntags in der Regel erst ab 14 Uhr auf (Broschüren mit Detailangaben beim TIC).

The Mill Shop, Grandholm Mill, Woodside (abseits der A 96 nordwestl. der Innenstadt), einheimische Textilien zu Fabrikpreisen.

Die Brig o' Balgownie in Aberdeen

Crathes Castle, ein beliebtes Ausflugsziel

Aberdeen ist auch eine angenehme Einkaufsstadt

Route 1

Seite 51

Der Süden: Borders/Dumfries & Galloway/Ayrshire

Kelso – Melrose – Peebles – Dumfries – Kirkcudbright – Ayr (ca. 600 km)

Radikale landschaftliche Veränderungen werden Reisende beim Grenzübertritt an der Nordseeküste vermissen. Die sanft gewellte Hügellandschaft verwandelt sich erst, wenn man sich nach Westen wendet. Unzählige Festungs- und Abteiruinen zeugen von den Auseinandersetzungen früherer Zeiten zwischen Engländern und Schotten, haben aber um 1800 wesentlich zur romantischen Anziehung auf zwei der berühmtesten schottischen Dichter beigetragen, die sich beide in der Gegend niederließen – Robert Burns verbrachte seine ersten Lebensjahre in und um Ayr, seine letzten in Dumfries, Sir Walter Scott lebte bei Melrose.

Die folgende Route beschreibt einen Bogen von der Ostküste durch die Southern Uplands zur Irischen See im Westen und zurück in nordöstlicher Richtung nach Edinburgh. Sie eignet sich für Auto- und Fahrradfahrer – die früher gute Versorgung mit Buslinien ist leider erheblich abgebaut worden.

Die „Great North Road“ von London nach Edinburgh, eine der ältesten Wegstrecken der britischen Inseln und heute prosaisch als A 1 bekannt, überquert nördlich von Berwick-upon-Tweed die Grenze nach Schottland. Nun ist es an der Zeit, sich vom Hauptverkehr zu lösen – im Westen locken die Lammermuir Hills mit stillen Nebenstraßen durch enge Talsohlen zwischen Hochmoorhügeln.

Manderston House

Das Haus bei Duns am Südrand der Lammermuirs gilt als eines der schönsten edwardianischen Landsitze vom Beginn des 20. Jhs., doch in Wahrheit stammt der strenge Klassizismus seiner Proportionen vom Ende des 18. Jhs., und der Millionär Sir James Miller ließ um 1900 lediglich Erweiterungen und Umbauten vornehmen – opulente Marmorauskleidungen (selbst in den Ställen!), silberne Treppengeländer und weitläufige Dienstbotenquartiere zeugen von unerhörtem Luxus. Die ausgedehnten Gartenanlagen tragen zum üppigen Gesamteindruck bei – wie so oft in schottischen Gärten gibt es vor allem Rhododendren zu bestaunen. (🕓 Mai bis Sept. Do/So 14–17.30 Uhr.)

Kelso und Floors Castle

Kelso, ein für die Borders typischer kleiner Ort, schmückt sich mit einem ansehnlichen Marktplatz. Berühmt ist die Abtei, als Ruine neben der heutigen Pfarrkirche zu besichtigen. Kelso Abbey muss einmal ein majestätisch aufragender normannischer Bau gewesen sein.

Floors Castle (3 km nordwestlich von Kelso; 🕓 Ende März–Anfang Okt. tgl. 10–16.30 Uhr) dient den Herzögen von Roxburghe als prunkvoller Landsitz. Das Haus, 1721 von William Adam begonnen und im 19. Jh. erheblich erweitert, gilt als größtes bewohntes Schloss in Schottland und wurde welt-

Die Border Abbeys

Die vier großen mittelalterlichen Abteien im Südosten – Kelso, Dryburgh, Jedburgh und Melrose – sind heute nur noch als Ruinen erhalten. Sie alle wurden im 16. Jahrhundert entweder im Zuge der Auflösung der Klöster durch Heinrich VIII. oder in den anschließenden Religions- und Erbfolgekriegen zerstört.

1

Seite 51

bekannt, als es 1984 in dem Hollywoodfilm „Greystoke“ als Tarzans englisches (!) Schloss fungierte. Der Ausblick über den Tweed ist wunderbar.

Prächtig und stilvoll: die Einrichtung von Floors Castle

Tipp Wer dem Trubel von Floors Castle entgehen möchte, sollte von der Straße zum Schloss links in Richtung Fluss abbiegen. „The Cobby“ heißt der von Einheimischen traditionell zum Schwimmen im Tweed und zum Picknicken benutzte grasbewachsene Uferstreifen. Ein Bad im Fluss kann wunderbar erfrischend sein – aber Vorsicht: Nur geübte Schwimmer sollten sich daran versuchen.

In dieser Gegend kann man der Familie Roxburghe kaum entgehen: Ihr gehört das beste Hotelrestaurant weit und breit, **Sunlaws House** (an der A 698 in Heiton, 5 km südlich von Kelso; ☎ 0 15 73/45 03 31, FAX 45 06 11). Das viktorianische Landhaus wirkt derart beeindruckend, dass die meisten die Preise für unerschwinglich halten – doch kann man es auf einen Test ankommen und sich überraschen lassen. Das Essen hier ist erstklassig und ein „Bar Lunch“ bezahlbar. $$

Die berühmte Melrose Abbey

Melrose

Der Ort ist im wesentlichen für seine **Abteiruine** bekannt (April–Sept. tgl. 9.30–18.30, Okt.–März Mo–Sa 9.30–16.30, So ab 14 Uhr). Die 1136 als Zisterzienserkloster gegründete Anlage profitiert von einer im Vergleich zu Kelso Abbey romantischeren Umgebung und von den wunderbaren **Priorwood Gardens** (April–Dez. Mo–Sa ab 10, So ab 13.30 Uhr) neben der Abtei. Hinter hohen Mauern verbirgt sich ein Garten, der auf Blumen und Pflanzen zum Trocknen und Pressen spezialisiert ist; im Laden ist außerdem selbst gemachter Gelee zu kaufen, denn ein angeschlossener Obstgarten spezialisiert sich auf traditionelle Apfelsorten.

Landschaft des River Tweed bei Abbotsford

Arrochar
Stirling
Helensburgh
Bonhill
Dumbarton
Gourock
Greenock
Dunoon
Grangemouth
Falkirk
Cumbernauld
Linlithgow
Armadale
Coatbridge
Airdie
Withburn
Rothesay
Bute
Paisley
Glasgow
Clyde
Motherwell
Largs
Millport
Barrhead
East Kilbride
Hamilton
Carluke
Carnwath
West Kilbridge
Kilwinning
Strathaven
Lanark
Ardrossan
Irvine
Kilmarnock
Falls of Clyde
Brodick
Firth of Clyde
Troon
Douglas Mill
Arran
Mauchline
Ayr
Muirkirk
Ayr
New Cumnock
Green Lowther
732
Culzean Castle
Maybole
Dalmellington
Alhang
640
Ailsa Craig
Girvan
Tornhill
Larne (Nordirland)
Douglas (Isle of Man)
Merrick
843
Moniaive
Pinwherry
Ballantrae
Dumfries
New Galloway
Crocketford
Cree
Kirkcolm
Carnryan
Dee
The Rinns of Galloway
Newton Steward
Castle Douglas
Dalbeattie
Stranraer
Glenluce
Gatehouse of Fleet
Wigtown
Portpatrick
Kirkcudbright
Sandhead
Drummore

DER SÜDEN
ROUTE 1
0 10 Meilen
0 10 Kilometer
N
Perth
Dunfermline
Burntisland
Firth of Forth
North Berwick
Dunbar
Musselburgh
Haddington
Edinburgh
Dalkeith
Loanhead
Newtongrange
Penicuik
Eyemouth
Duns
Manderston
Berwick-upon-Tweed
Coldstream
Crookham
Tweed
Peebles
Broughton
Biggar
Neidpath Castle
Kailzie Gardens
Galashiels
Melrose Abbey
Melrose
Abbotsford House
Priorwood Gardens
Floors Castle
Kelso
Wooler
Selkirk
Bowhill
Yarrow
Jedburgh
Hawick
THE CHEVIOT HILLS
Grey Mare's Tail
Ettrick Pen
691
Moffat
Northumberland
National
Park
Eskaldemuir
Otterburn
Roan Fell
567
Annan
Lockerbie
Lochmaben
Tyne
England
Hadrian's Wall
Annan
Gretna
Hexham
Newcastle upon Tyne
Brampton
Haltwhistle
Solway Firth
Kirkbride
Carlisle
Silloth
Wigton
Alston
Stanhope
Maryport
Cockermouth
Penrith
Workington
Barrow-in-Furness
Liverpool

1

Seite 51

Burts Hotel, the Square, Melrose (☏ 0 18 96/82 22 85, 📠 82 28 70). Angenehme Zimmer, gemütlicher Pub und ein hervorragendes Restaurant. ($)

Abstecher von Melrose

Einen Landsitz wie **Abbotsford House** (3 km westlich von Melrose; 🕓 März bis Okt. Mo–Sa 10–17 Uhr, So ab 14 Uhr) hatte sich Sir Walter Scott immer gewünscht. Er ließ ihn nach eigenen Plänen bauen und verbrachte hier die letzten zwanzig Jahre seines Lebens. Entsprechend romantisch wirkt das unverändert erhaltene Haus – vom pseudomittelalterlichen Gepränge an den Wänden der Eingangshalle bis zur Bibliothek mit den vielen wertvollen Bänden aus Scotts eigener Sammlung.

Südlich von Selkirk kann man in **Hawick,** einem Zentrum der schottischen Wollindustrie mit zahlreichen „Factory Shops", Lambswool und Kaschmir zu ermäßigten Preisen einkaufen: z. B bei. *Chas N Whillans,* Albert Road; *Hawick Cashmere Co.,* Duke Street; *Peter Scott,* Buccleuch Street; *Wiltonburn Country Cashmeres,* Wiltonburn Farm (an der A 7); *White of Hawick,* Victoria Street.

Tipp **Scottish Academy of Falconry,** Bonchester Bridge, Hawick (☏/📠 0 14 50/86 06 66) – hervorragende Ausbildungsstätte für Falknerei in schönster Landschaft (inkl. Unterbringung).

Sir Walter Scott

Man kann sich gut vorstellen, wie in der Bibliothek und im Studierzimmer von Abbotsford ab 1812 Romane wie *Waverley, Ivanhoe* und *Kenilworth* entstanden, die Scott teilweise in großer Eile schrieb – er bezahlte seine Gastfreundschaft und den Ehrgeiz, als Landedelmann zu gelten, mit ständiger Geldnot.

Bowhill

Spaß für Kinder, Genuss für Kunstfreunde jeden Alters bietet dieser Landsitz (5 km westlich von Selkirk an der A 708; 🕓 Haus nur im Juli, tgl. 13 bis 16.30 Uhr; Garten etc. April–Aug. tgl. außer Fr 12–17 Uhr, im Juli auch Fr). Das Anwesen aus dem 18. Jh. ist eines der vielen Besitztümer der Herzöge von Buccleuch, die als reichste Grundbesitzer Schottlands gelten, und wie alle Häuser der Familie eine wahre Schatzkammer. Neben der berühmten Sammlung von Porträtminiaturen sind bedeutende Gemälde von Raeburn, Gainsborough, Reynolds, Canaletto, Guardi, Claude Lorrain, da Vinci, Ruysdael u. v. a. zu besichtigen, dazu Louis-Quinze-Stühle mit Aubusson-Bezügen, Meißener Porzellan, handbemalte chinesische Tapeten aus dem 18. Jh. und vieles mehr.

Was tun, damit angesichts von soviel Prunk keine Langeweile aufkommt? Ein Abenteuerspielplatz mit wunderbaren Baumhäusern, ein Reitstall mit Mietpferden, Mietfahrräder mit zugehörigen Strecken, Spazierwege zum nahen Loch und der romantischen Ruine von Newark Castle und das Bowhill Little Theatre beim Haus mit wechselndem Programm auf der winzigen Bühne stehen zur Verfügung. Wem das nicht reicht, der kann sich im Andenkenladen oder im Tea Room gütlich tun.

Tipp Von der Fernstraße A 72 sollte in Innerleithen abbiegen, wer sich (fast mit Familienanschluss) verwöhnen lassen will. Von den Besitzern wird **The Ley** (☏/📠 0 18 96/83 02 40) als *guesthouse* bezeichnet, aber man bekommt viel mehr geboten als in einer gewöhnlichen Pension. Außerdem kann man ganz in der Nähe **Traquair House** besuchen, das sich zwischen dem 13. und 18. Jh. vom schlichten Wehrturm zum ausgewachsenen Castle gemausert hat (🕓 Juni–Aug. tgl. 10.30 bis 17.30 Uhr, April, Mai und Sept. ab 12.30 Uhr).

1

Seite 51

Peebles und Moffat

Touristen nutzen das angenehme **Peebles** am Tweed als Einkaufszentrum. Ob zum Einkaufen oder für einen Cafébesuch („The Sunflower" oder „Gino's Café de Luxe" nahe der Brücke) auf der Durchfahrt oder zum Spazieren gehen in den Kailzie Gardens, im Dawyck Botanic Garden, am River Tweed beim großartig gelegenen Neidpath Castle oder im Cardrona Forest – hier kann man getrost einmal halt machen.

TIC, High Street (an der Hauptstraße), ☏ 0 17 21/72 01 38.

Kurhotel **Peebles Hydro,** Innerleithen Road, ☏ 0 17 21/72 06 02, FAX 72 29 99. $

Peebles Hydro und ähnliche Anlagen erinnern daran, dass viele Orte in der Gegend bis weit ins 19. Jh. hinein als Heilbäder bekannt waren, so auch das gut erhaltene ehemalige Badehaus in **Moffat,** einem freundlichen Ort an der Strecke nach Süden zur Küste von Dumfries.

Der **Toffee Shop** am weiten Marktplatz ist über die Grenzen Schottlands hinaus bekannt: Hier wird Moffat Toffee hergestellt und verkauft. Das Sahnekonfekt ist zwar auch in Bonbonform zu haben, aber Gierige kaufen ganze Barren. Von Moffat aus lohnt sich ein Abstecher zum *Grey Mare's Tail,* einem spektakulären Wasserfall 16 km nordöstlich des Orts, mit schönen Spazierwegen. Die A 708 von Selkirk nach Moffat, vorbei am Wasserfall und St. Mary's Loch (das Einkehren in *Tibbie Shiels Inn* nicht vergessen!), ist ohnehin eine der schönsten Routen der Gegend.

Dumfries

Mit 32 000 Einwohnern ist Dumfries der größte Ort im schottischen Südwesten, außerdem das Verwaltungszentrum der Region Dumfries & Gallo-

Abbotsford House – aus vielen Baustilen zusammengesetzt

Die Bibliothek in Abbotsford House

Brücke und Kirche von Peebles

1

Seite 51

way. Im Laufe seiner Geschichte wurde es wurde mehrmals überrannt und zerstört. Heute ist der Ort als Verkehrsknotenpunkt, Einkaufsstadt und eines der Zentren der touristischen Verwertung des „Nationaldichters" Robert Burns von Bedeutung. Burns verbrachte die letzten sechs Jahre seines Lebens in Dumfries, und die Stadt gedenkt seiner mit dem **Burns House,** wo er 1796 starb, dem Mausoleum über seinem Grab im Friedhof von St. Michael, der sentimentalen Statue in der High Street, den Memorabilien in Burns' Lieblingspubs „Globe Tavern" und „Hole i' the Wa'" und insbesondere mit dem **Robert Burns Centre** in der Mill Rd. (⏲ April–Sept. Mo–Sa ab 10, So ab 14 Uhr; Okt.–März Di–Sa zu den gleichen Zeiten). In der ehemaligen Mühle kann man sich anhand von audiovisuellen Darbietungen, Modellen usw. über Leben und Wirken des Dichters informieren, außerdem über die anderen Stationen des „Burns Trail", der zu den Stätten seines Lebens und seiner Werke führt.

TIC, Whitesands, am Ufer des Flusses Nith, ☎ 0 13 87/25 38 62.

Station Hotel, 49 Lovers Walk, ☎ 0 13 87/25 43 16, FAX 25 03 88. Nicht besonders aufregend, aber gepflegt und preiswert zum Übernachten und für eine anständige Mahlzeit. $

Entlang des Solway Firth

Südlich von Dumfries gilt es die wunderschöne und nicht allzu überlaufene Küste am Solway Firth zu erkunden, deren Lage allerdings einen Haken hat: Keine 50 km weiter südlich, an der nordenglischen Westküste, befindet sich die berüchtigte Atomanlage von Sellafield, und man hat im Meer am Solway Firth schon mehrmals Strahlungswerte gemessen, die sechzigmal höher lagen als die zu erwartende natürliche Strahlung – Baden auf eigene Gefahr, wie es so schön heißt. Die gut ausgebaute A 710/A 711 führt in Küstennähe bis nach Kirkcudbright, aber unterwegs gibt es einiges zu beachten.

Da wäre einmal, in dem Örtchen New Abbey, die Abteiruine von **Sweetheart Abbey** – nicht so monumental wie Melrose in den Borders, aber gut erhalten, hübsch gelegen und nicht so überlaufen wie die berühmteren Abteien.

Im Dorf Auchencairn kann man auf die einspurige Straße mit Ausweichplätzen abbiegen, die zum **Balcary Bay Hotel** führt (☎ 0 15 56/64 02 17, FAX 64 02 72; $). Wer in einem der schönen Zimmer mit Blick auf die Bucht untergebracht ist, kann sich die Schmugglerboote vorstellen, die am Strand ihre Fracht entladen. Beim köstlichen Dinner sind jene im Vorteil, denen wie einst den Gesetzlosen jede Reue fremd ist.

Tipp **Galloway Sailing Centre,** Loch Ken, Castle Douglas, (☎/FAX 0 16 44/42 06 26). Segeln, Kanu fahren und Windsurfen können Kinder und Erwachsene hier lernen (schlichte Unterkunft im Schlafsaal, Zeltplatz).

Und so gelangt man endlich nach * **Kirkcudbright** selbst (der Name wird „Körkubrie" ausgesprochen – wer nach normalem englischem Sprachgebrauch „Körkadbreit" sagt, muss sich den freundlichen Spott der Einheimischen gefallen lassen). Kommt man an einem strahlenden Mai- oder Septembertag durch die parkartig begrünte Landschaft in den großzügig angelegten Ort, spürt man vielleicht selbst das Verlangen, hier das eine oder andere Jahr zu verweilen – viele Künstler haben diesem Impuls nachgegeben.

An der Solway-Küste finden sich viele prähistorische Stätten – die eindrucksvollste ist westlich des Örtchens Gatehouse of Fleet zu besichtigen, wenn man den Hinweisschildern an der A 75 folgend über einen Waldweg bergan zu den Grabstätten von * **Cairnholy I und II** gelangt. Als erster Gedanke drängt sich auf, dass, wer immer vor

1

Seite 51

Twilightzone

Die ganze Küste war früher als Schmugglerparadies berüchtigt, insbesondere weil die Insel Man in der Irischen See bis 1876 außerhalb der britischen Zollhoheit lag. Eine auf Man ansässige Handelsgesellschaft war im 18. Jh. dreist genug, sich hier am geschützten Ufer einen zweckdienlichen Vorratskeller bauen zu lassen und darüber ein bodenständiges Landhaus, das heute als Balcay Bay Hotel betrieben wird (s. links).

4000 Jahren diese Steine aufgeschichtet hat, er genau wusste, wie man Ehrfurcht vor dem Tod erzeugt. Im Halbkreis aufgestellte Steinplatten bewachen die schmale Grabkammer von Cairnholy I, vor deren Eingang der Blick weit hinaus übers Meer schweift. Man hat hier bei Ausgrabungen Objekte gefunden, die aus Mittel- und Südeuropa importiert worden sein müssen, darunter Glockenbecher und Teile einer Axt aus Jadeit. Die Felsplatte, mit der die Grabkammer von Cairnholy II abgedeckt ist, dürfte kaum von ein paar Männern unterm Arm hierher getragen worden sein. Eltern sollten sich mit Grundkenntnissen wappnen, damit ihre Kinder ihnen hier nicht klaffende Löcher in den Bauch fragen.

Als guter Standort für einen Urlaub in der Gegend empfiehlt sich **Newton Stewart**: Man kann ruhig und gepflegt, aber ohne großen Aufwand nördlich des Orts wohnen.

Creebridge House Hotel,
☎ 0 16 71/40 21 21,
FAX 40 32 58. $

Die Halbinsel im Süden (The Machars) schmücken die pittoresken Ortschaften Wigtown und Whithorn, schöne Strände und stille Landschaften, dazu eine Menge vor- und frühgeschichtlicher Stätten: Neben den Wren's Egg- und Torhouse-Steinkreisen sind die Ausgrabungen in Whithorn interessant.

Der Wasserfall Grey Mare's Tail macht seinem Namen („Schweif der grauen Stute") alle Ehre

Landschaft bei Moffat

Das „Hole i' the Wa'", Dumfries

Seite 51

The Steam Packet Inn, Harbour Row, Isle of Whithorn, ☎ 0 19 88/50 03 34. Ein Pub am Hafen, mit schlichten Fremdenzimmern und gutem Essen. ($)

Nördlich von Newton Stewart breitet sich der **Galloway Forest Park** aus, ein immerhin 645 km² großes bewaldetes Naturschutzgebiet mit gut angelegten Wanderwegen, einem naturkundlichen Informationszentrum (*Forest Wildlife Centre,* ⌚ April–Okt. tgl. 10–17 Uhr; am Clatteringshaws Loch), Wildziegen- und Rotwildgehegen und manch anderer Sehenswürdigkeit.

Entlang des Firth of Clyde

Westlich von Newton Stewart ist die Westküste erreicht. Die wie ein Hammerkopf geformte Halbinsel Rhinns of Galloway ist von herausragender landschaftlicher Schönheit mit weiten Sandstränden im Osten und steilen Klippen im Westen. Der „Nachteil" all dieser wunderbaren Landschaft ist, dass sie während der Schulferien sehr überlaufen ist – hier machen viele Großstadtschotten Urlaub.

Die Küstenstraße von Stranraer nordwärts bis Ayr (A 77/A 719) bietet großartige Ausblicke aufs Meer und den 340 m hohen Granitkegel der Insel Ailsa Craig, auf die früher unbotmäßige Mönche verbannt wurden – heute hausen hier nur die rechtmäßigen Bewohner des Vogelschutzgebiets (Bootsausflüge von Girvan: Mark McCrindle/ MV *Glorious*, nur mit Voranmeldung unter ☎ 0 14 65/71 32 19).

Schottlands berühmtester Architekt Robert Adam hat zwischen 1777 und 1792 ****Culzean Castle** („Kollehn" gesprochen) aus einem Turmhaus für die Adelsfamilie Kennedy eine verblüffende Synthese von klassizistischem Herrenhaus und romantischer Burg geschaffen. So sehenswert das Äußere auch ist, kommt doch Adams Genie in der Anlage des zentralen Treppenhauses und im Dekor der Innenräume erst richtig zur Geltung. Allein schon dank des wunderbaren runden Salons kann man sich ein genaues Bild vom Geschmack der schottischen Aufklärung machen. Der im Stil des 18. Jhs. angelegte Park ist einen eigenen Besuch wert (⌚ April–Okt. tgl. 10.30–17.30 Uhr; Country Park ganzjährig ab 9.30 Uhr).

Ayr

Die weiten Sandstrände des größten Badeortes nahe Glasgow wirken gepflegt und scheinen Tausende von Touristen in der Hauptsaison sowie die Wochenend- und Tagesausflügler gut zu verkraften. Man muss hier auch keineswegs auf andere Vergnügungen verzichten – Golf ist die zweite große Attraktion der Stadt, mit drei schönen Plätzen. Hinzu kommen die berühmteste Pferderennbahn in Schottland und das Zentrum der Robert-Burns-Verehrung in seinem Geburtsort Alloway, heute ein südlicher Vorort von Ayr. Der gut ausgeschilderte „Burns Heritage Trail" (vgl. S. 54) führt zu seinem Geburtshaus (Museum) und anderen mit dem Dichter verbundenen Stätten (Karten/Führungen: TIC).

TIC, Burns House, Burns Statue Square, ☎ 0 12 92/28 86 88.

Burns Monument Hotel in Alloway, ☎ 0 12 92/44 24 66, FAX 4 431 74. Nettes Haus nahe der Quelle des Burns-Kults. ($)

Glasgows »Strände«

Die Badeorte an der Küste zwischen den Rhinns und der Clyde-Mündung verwandeln sich im Sommer in Vororte von Glasgow und eignen sich allesamt zum Studium britischer Freizeitkultur – von dem altmodischen, eher förmlichen *Troon* mit seinen berühmten Golfplätzen bis hin zu den Bingosälen, Spielhallen und Rummelplätzen von *Saltcoats*.

Northpark House, ☎ 0 12 92/44 23 36, FAX 44 55 72. Empfiehlt sich für Golfspieler direkt am auch für Nichtmitglieder zugänglichen Belleisle-Kurs. $

Fouters Bistro Restaurant, 2 A Academy Street, ☎ 0 12 92/26 13 91. Das Restaurant im Kellergeschoss ist nicht nur sehr gepflegt, es serviert auch köstliche schottische Spezialitäten. $

Tam o'Shanter, Titelheld eines berühmten Burns-Gedichts (lebensgroße Statue in Kirkoswald bei Ayr)

Von Ayr führen fast alle Straßen nach Glasgow (A 77) oder Edinburgh (A 71), aber ein Abstecher lohnt sich noch: Von der A 71 biegt man in Richtung Lanark ab und trifft südlich des Orts auf *New Lanark* und die *Falls of Clyde*. Die Wasserfälle sind ein beliebtes Ausflugsziel. Die Landschaft könnte einem romantischen Gemälde entsprungen sein – von den Granitfelsen, über die sich der Fluss ergießt, steigt Gischt zu den Eichen und Birken auf, deren Äste den Wasserlauf überschatten.

Brücke bei Alloway

New Lanark

Am Ufer des Clyde unterhalb der Wasserfälle liegt das jetzige Freilichtmuseum **New Lanar** (🕓 Besucherzentrum ganzjährig ab 11 Uhr). Hier wagten der sozial gesonnene Industrielle David Dale und sein Schwiegersohn Robert Owen um 1800 ein revolutionäres Experiment: Sie wollten den Arbeitern der Baumwollspinnereien menschenwürdige Unterkünfte, Arbeitsbedingungen und Bildungseinrichtungen schaffen. „Als Robert Owen … den Zehnstundentag wirklich in seine Fabrik zu New-Lanark einführte, ward das als kommunistische Utopie verlacht, ganz so wie seine Verbindung von produktiver Arbeit mit Erziehung der Kinder ...«, schrieb später Karl Marx. Wenn man heute durch die Siedlung spaziert, wirkt sie geradezu idyllisch.

New Lanark

Route 2

Der Osten: Fife/Tayside/Grampian

Seite 61

Edinburgh – Stirling – Anstruther – St. Andrews – Dundee – Glamis – Montrose – Balmoral – Banff – Culloden – Inverness (ca. 790 km)

Hier kommt man an Golf, Schlössern und Whisky einfach nicht vorbei. Und von allem muss es auch noch gleich das Beste und Berühmteste sein: Der Old Course von St. Andrews, Stirling Castle, Falkland Palace und die unzähligen Destillen von Speyside, dem Kernland der schottischen Whiskyproduktion. Hinzu kommen die teils idyllische Küste und die grandiose Berglandschaft der Cairngorms. Dies ist klassisches Feriengebiet (auch für die britische Königsfamilie), und man darf nur selten auf Einsamkeit rechnen. Aber die Leute, die hierher reisen, wissen auch, warum.

Von Edinburgh aus führt die folgende Strecke mit einem Umweg über Stirling an die Küste von Fife mit ihren malerischen Fischerdörfern und dringt dann ins Innere der alten Grafschaft Angus vor. Südlich von Aberdeen kehrt sie kurz an die Nordseeküste zurück, um dann einen Bogen nach Norden zu beschreiben und schließlich aus den Tälern von Speyside in Richtung Inverness abzubiegen.

Von Edinburgh nach Stirling

Einige Kilometer westwärts der eindrucksvollen *Forth Rail Bridge* aus viktorianischer Zeit kann man ****Hopetoun House** (🕓 April–Okt. tgl. 10–17.30 Uhr) besuchen, ein prächtiges, architektonisch interessantes Herrenhaus mit ausgedehnten Parkanlagen am Forth-Ufer, ehe man inmitten der Vororte von Stirling zum **Bannockburn Heritage Centre** (🕓 April–Okt. tgl. 10 bis 17.30, März/Nov./Dez. 11–15 Uhr) gelangt. Eine Rotunde mit einem Reiterstandbild daneben markiert die Stelle, von der aus Robert Bruce 1314 das schottische Heer zu seinem blutigsten Sieg über die Engländer führte. Nationalbewusste Schotten nehmen die Schlacht von Bannockburn nicht nur deshalb wichtig, weil der Erzfeind hier so vernichtend geschlagen wurde, sondern auch, weil Bannockburn zum Sinnbild für die Sicherung der schottischen Unabhängigkeit wurde.

Stirling

Nördlich des Schlachtfelds kommt man ins Zentrum von **Stirling.** Der Ort wird von der eindrucksvollen Festung ***Stirling Castle** überragt (🕓 April bis Sept. Mo–Sa 9.30 bis 17.15, So ab 10.30, Okt.–März Mo–Sa bis 16.30 Uhr, So ab 12.30 Uhr). Der Vergleich mit Edinburgh drängt sich auf; der Bau ist nicht nur von der Anlage her ähnlich, sondern hat auch eine gebührend erhabene Geschichte vorzuweisen: In dieser königlichen Residenz krönte man Maria Stuart 1543 im zarten Alter von neun Monaten zur Königin von Schottland. Die heute verbliebenen Gebäude stammen größtenteils aus dem 15. und 16. Jh. – über ihre Entstehung kann man sich im Visitor Centre an der Esplanade informieren.

Das Viertel um den Aufgang zur Feste ist der älteste und schönste Teil der Stadt. In interessanten Gebäuden wie *Argyll's Lodging* und der *Guildhall* finden Besucher in der Hauptsaison Menschen in historischer Gewandung vor, die „aus erster Hand" von der Vergangenheit der Bauten erzählen.

Noch interessanter ist das Straßentheater des **Ghost Walk:** Jeden Abend im Sommer kann man sich rund ums Schloss „die Welt rastloser Gespenster und verlorener Seelen“ vorführen lassen (über Näheres informiert das TIC oder der Veranstalter *Heritage Events Co.:* ☏ 0 17 86/44 71 50).

TIC, 41 Dumbarton Road/A 811, ☏ 0 17 86/47 50 19.

Park Lodge Hotel, 32 Park Terrace, ☏ 0 17 86/47 48 62, Fax 44 97 48. Eine geschmackvoll eingerichtete, kleine Unterkunft gleich in der Ortsmitte. ($)

Barnton Bar & Bistro, Barnton Street: junges Publikum, gepflegte Biere, Frühstück den ganzen Tag (🕓 10.30 Uhr bis 1 Uhr früh).

Tipp **Scottish Conservation Projects Trust,** Balallan House, ☏ 0 17 86/ 47 96 97. Der Landschaftsschutzverband bietet Interessierten Gelegenheit, an ein- bis zweiwöchigen Arbeitsprojekten in entlegenen Regionen Schottlands teilzunehmen.

Die imposante alte Eisenbahnbrücke Forth Rail Bridge

Die Einrichtung von Hopetoun House kann sich sehen lassen!

Dollar und Falkland

Am Südrand der Hügelkette der Ochils trifft man auf **Dollar,** wo man zum höchst romantisch anmutenden *Castle Campbell* (🕓 April–Sept. Mo–Sa ab 9.30 Uhr, So ab 14 Uhr, Okt.–März Do nachm. u. Fr geschlossen) hoch über dem bewaldeten Tal von Dollar Glen abbiegen sollte. Wer den steilen Anstieg zur Burg auf sich nimmt, wird mit großartigen Ausblicken über das Forth-Tal belohnt.

Südlich von Auchtermuchty liegt **Falkland** mit Falkland Palace, dem Jagdschloss der Stuart-Dynastie (🕓 April

Argyll's Lodging in Stirling

2
Seite 61

2
Seite 61

bis Okt. Mo–Sa 11–17.30 Uhr, So ab 14 Uhr). In die Führung durch das ab 1501 erbaute Schloss ist nicht nur die Besichtigung von Prunk- und Privatgemächern inbegriffen, sondern auch eine Erklärung des „Royal Tennis" – das Spiel der Könige hat mit üblichem Tennis nicht viel mehr gemeinsam.

Anstruther

An der Südküste von Fife reihen sich mehrere sehenswerte Fischerdörfer aneinander. Das größte ist Anstruther, das von den Einheimischen „Ainster" genannt wird. Das **Scottish Fisheries Museum** am Hafen (Mo–Sa 10 bis 17.30 Uhr, So April–Okt. ab 11 Uhr, Nov. März ab 14 Uhr) informiert anschaulich über Geschichte und Praxis der Fischerei an dieser Küste und zeigt auch zwei echte Fischerboote, die beim Museum vertäut liegen.

Tipp Im Sommer kann man von Anstruther aus Bootsausflüge zu den Papageitauchern auf der Isle of May unternehmen. Empfehlenswert ist auch der 6 km lange Küstenweg von Anstruther zum malerischen Hafen von Crail (gute Busverbindung zwischen den Orten).

Ship Inn, The Loft, Elie, ☎ 0 13 33/33 02 46. Geschäftiger Pub mit Zimmern direkt am Strand der Elie Bay. ($)

Tipp **Elie Watersports,** Elie Harbour, ☎ 0 13 33/33 09 62. Freundliche Segel- und Windsurfingschule, die an erfahrene Segler auch stunden- oder tageweise Boote vermietet.

St. Andrews

Der Ort ist die weltweit berühmte „Heimat des Golfspiels". Als Autorität in allem, was Regeln und Geschichte des Sports angeht, gilt der 1754 gegründete „Royal and Ancient Golf Club" und ein Besuch im **British Golf Museum** gegenüber dem Clubhaus (April bis Okt. tgl. 9.30–17.30 Uhr, Nov.–März: 11–15 Uhr, Di/Mi geschlossen) ist für Enthusiasten unverzichtbar.

Heritage Golf of St Andrews, Argyll Business Park, Largo Road – Golfschläger zu Fabrikpreisen, außerdem Golfzubehör und Strickwaren.

Der schmucke Ort beherbergt die älteste und angesehenste Universität Schottlands, deren Studenten das Straßenbild bestimmen. St. Andrews war ab dem zehnten Jahrhundert Sitz des mächtigsten Bischofs in Schottland, und die Ruine der einst größten Kathedrale des Landes, der ****St. Andrews Cathedral,** vermittelt bis auf den heutigen Tag einen Eindruck von ihrer mittelalterlichen Pracht.

i TIC,
78 South Street,
☎ 0 13 34/47 20 21.

St. Andrews Old Course Hotel, ☎ 0 13 34/47 43 71, Fax 47 76 68. Luxushotel auf dem berühmten Golfplatz. ($$$)

Wer sich etwas Besonderes gönnen möchte, sollte die wenigen Kilometer nach Südwesten ins **Peat Inn** im gleichnamigen Örtchen fahren. Lobeshymnen auf das Etablissement (☎ 0 13 34 / 84 02 06 – Tisch buchen! Kredit aufnehmen!) an der einzigen Kreuzung (B 940/B 941) fehlen in keinem Restaurantführer. ($$$)

Zur Royal Deeside

Die Halbinsel Fife verlässt man in nördlicher Richtung über die Tay-Brücke, die in die viertgrößte Stadt Schottlands führt.

Dundee

Hier kann man die beiden Museumsschiffe im Hafen zu besuchen: Die *RRS Discovery* diente dem Südpolarforscher Robert Falcon Scott 1901–1904 als Expeditionsschiff; die *HMS Unicorn* ist eine 1824 vom Stapel gelaufene Fre-

DER OSTEN
ROUTE 2
0
30 Meilen
0
30 Kilometer
N
NORDSEE
Latheron
Wick
Berriedale
Helmsdale
Brora
Tain
Alness
Cromarty
Nairn
Inverness
Culloden Moor
Loch Ness
Findhorn
Dava
Forres
Branderburgh-Lossiemouth
Elgin
Buckie
Banff
Macduff
Fraserburgh
Keith
Craigellachie
Spey
Dufftown
Speyside
Granton-on-Spey
Glenlivet
Tomintoul
Huntley
Turriff
Mintlaw
Peterhead
Stone Circle
Ellon
Cruden Bay
Orkney Islands
Mossat
Inverurie
Balmedie
Aviemore
Loch Garten
Kingussie
CAIRNGORMS
Ben Macdui
1309
Ben Avon
1171
Corgarff
Westhill
Aberdeen
Banchory
Dee
Ballatar
Mt. Keen
938
Balmoral Castle
Braemar
GRAMPIAN MOUNTAINS
Stonehaven
Dunnottar Castle
Fasque
Pass of Drumochter
Beinn-á Ghlo
1119
Angus
Pass of Killiecrankie
Pitlochry
House of Dun
Montrose
Schiehallion
1081
Kirriemuir
Glamis Castle
Forfar
Dunkeld
Kenmore
Coupar Angus
Arbroath
Dundee
Firth of Tay
Perth
Crieff
R. Earn
St. Andrews
Cupar
Falkland Palace
Fife
Crail
Anstruther
Pittenweem
Kinross
Glenrothes
Buckhaven-and-Methyl
Stirling Castle
Stirling
Kirkcaldy
Firth of Forth
North Berwick
Dunfermline
Burntisland
Dunbar
Falkirk
Linlithgow
Mussel-burgh
Haddington
Edinburgh
Glasgow
Whitburn
Carlisle

2

Seite 61

gatte, auf der man sich ein gutes Bild von den grauenhaften Verhältnissen machen kann, die Seeleute jener Zeit erdulden mussten. Dundee könnte man ein wenig zynisch als uferlose Vorortsiedlung mit einem Einkaufszentrum in der Mitte beschreiben – die architektonische Vergangenheit der Stadt ist gründlicher als anderswo ausgelöscht worden.

i TIC, 4 City Square, ☏ 0 13 82/43 46 64, FAX 43 46 65.

Nördlich von Dundee, eingebettet in die sanft gewellte Landschaft von Angus, der Heimat der berühmten Rinderrasse, liegt **Glamis** (gesprochen: „Glahms"). Das *Angus Folk Museum* (🕓 Mai–Sept. tgl. 11–17 Uhr, Okt. nur Sa/So) besteht aus einer Reihenhaussiedlung des frühen 19. Jhs. Die sorgfältig ausgestatteten Innenräume geben einen Einblick in den Alltag der arbeitenden Bevölkerung jener Zeit.

Deren Lebensumstände lassen sich wunderbar mit denen des Hochadels vergleichen, wenn man * **Glamis Castle** inmitten seiner üppigen Gärten besucht (🕓 April–Okt. tgl. 10.30 bis 17.30 Uhr). Der Sitz der Familie Bowes-Lyon, wo die gegenwärtige Königinmutter ihre Jugend verbrachte und Prinzessin Margaret geboren wurde, ist mit allem erdenklichen Pomp ausgestattet. Der Bau wurde im 17. Jh. zu einem prachtvollen Herrensitz erweitert. Es heißt, dass hier mehr Gespenster umgehen als in jedem anderen Gebäude in Schottland.

Montrose

präsentiert sich als hübscher, freundlicher Ort an der Nordseeküste mit einem betriebsamen Hafen. Vogelfreunde auf dem Weg in die Cairngorms sollten von der Bridge of Dun auf dem Deich am Fluss entlang zu seiner Mündung in die Lagune stapfen, dabei können sie das ständige Schnattern hören, während Hunderte von Vögeln im Landeanflug kreisen ...

Tipp **Montrose Basin Wildlife Centre** (🕓 April–Okt. tgl. 10.30–17, Nov.–März bis 16 Uhr) lässt Interessierte mittels Ferngläsern, ferngesteuerten Videokameras und Führungen am Vogelalltag teilhaben.

i TIC, Bridge Street, ☏ 0 16 74/67 20 00; nur in der Sommersaison.

Nur 6 km westlich von Montrose liegt das **House of Dun** inmitten bewaldeter Ländereien mit ausgeschilderten Spazierwegen. Das Haus selbst ist ein eher bescheidenes, aber makelloses Beispiel für den Klassizismus der Architektenfamilie Adam (🕓 Ostern u. Mai–Okt. tgl. 13.30–17.30 Uhr, Gärten ganzjährig ab 9.30 Uhr). Wie bei allen Bauten der Adams ist die Innenausstattung überaus stilvoll.

Fasque House

Der Landsitz nördlich von Fettercairn kann als perfekte „Wohnmaschine" für die Freizeitvergnügungen viktorianischer Großbürger angesehen werden (🕓 Mai–Sept. tgl. 11–17.30 Uhr). Zu besichtigen sind neben dem Rotwildpark beim Haus beispielsweise der Küchentrakt und die Dienstbotenquartiere. Ab 1829 gehörte das Anwesen der Familie Gladstone, und deren berühmtester Spross wohnte hier zeitweilig: William Ewart Gladstone war zwischen 1868 und 1894 viermal britischer Premierminister. Er galt im 19. Jh. als bedeutendster liberaler Staatsmann Europas und entscheidender Gegenspieler Bismarcks.

Montrose Basin

Seine ungewöhnliche Lage auf der Landzunge, die das Montrose Basin vom Meer abschneidet, lässt es besonders im Winter zur Pilgerstätte für Vogelkundler werden, denn ab November fallen hier riesige Scharen von Wildgänsen aus der Arktis ein.

2
Seite 61

** Dunnottar Castle

Vor der Küste bei Stonehaven bietet die ausgedehnte Ruine ganz andere Eindrücke (April–Okt. Mo–Sa 9 bis 18 Uhr, So ab 14 Uhr; Nov.–März nur Mo–Fr). Sie hat zwar auch ihre historische Bedeutung, aber überwältigt ist man von ihrer Lage auf dem steil ins Meer abfallenden Felsen; der Anblick ist so einzigartig, dass er zu den meistfotografierten in Schottland gehört.

Am pittoresken Hafen von Stonehaven kann man im **Tolbooth Restaurant** im ältesten Gebäude beste Fischgerichte genießen (☏ 0 15 69/76 22 87). $

Fischerboote im Hafen von Anstruther

Royal Deeside

Im Landesinneren gelangt man nun in die Region, die sich dank der königlichen Residenz **Balmoral** „Royal Deeside" nennen darf. Queen Victoria hatte hier ihr Herz für die Highlands entdeckt.

Die Ruine der St. Andrews Cathedral

Tipp Für Monarchisten und andere: Der Ballsaal und die Gärten sind von Mai bis Juli Mo–Sa ab 10 Uhr zu besichtigen. Regelmäßig verbringt die Königsfamilie hier den Spätsommer (dann ist das Anwesen für die Öffentlichkeit tabu) und besucht am 1. Samstag im September in Braemar das Highland Gathering.

Die Atmosphäre des Ortes **Banchory** ließe sich mit den Worten „solide Ehrbarkeit" umschreiben. An der Hauptstraße reihen sich gutbürgerliche Antiquitätengeschäfte aneinander, statt Whisky wird hier Lavendel für Parfüm destilliert (Fa. Ingasetter: Führungen wochentags ab 9 Uhr; Laden).

Raemoir House, ☏ 0 13 30/82 48 84, FAX 82 21 71, und **Banchory Lodge Hotel,** ☏ 0 13 30/82 26 25, FAX 82 50 19 bieten Reisenden hier Balmoral-Ersatz. $$

Ein Highland-Rind, kleiner als das schwarze Angus-Rind

2
Seite 61

Der Norden von Speyside

Immer geradeaus in nördlicher Richtung geht es nun nach **Inverurie.** Im kleinen *Museum* in der Town Hall (dem Rathaus; ⌚ tgl. außer Mi/So ab 10 Uhr) sind archäologische Funde ausgestellt, und in der Umgebung wimmelt es von vor- und frühgeschichtlichen Zeugnissen. Gepflegte Wanderwege führen durch Wald und Hochmoor zum 530 m hohen Aussichtsgipfel *Bennachie* (Anfahrt über die B 9002 nordwestlich von Inverurie).

Wenn man die üppig grüne Landschaft der alten Grafschaft Buchan durchquert hat, ist in **Fraserburgh** wieder die Küste erreicht. Der Ort selbst wirkt nicht besonders freundlich. Um so einladender ist der 5 km lange Sandstrand in der Bucht, mehrmals für seine Sauberkeit ausgezeichnet. Der Leuchtturm von *Kinnaird Head* wurde 1787 errichtet, indem man einfach den Turm der dortigen Burg umbaute.

Tipp Führungen vom **Scotland's Lighthouse Museum** im Erdgeschoss (⌚ Mo–Sa 10–18 Uhr, im Winter bis 16 Uhr, So ab 12.30 Uhr).

Der Ort **Banff** hat sich trotz heftigen Reiseverkehrs eine gewisse Aura stiller Gediegenheit bewahrt, die nicht zuletzt auf mehrere Bauten der Architektenfamilie Adam zurückzuführen ist: Das schlichte *Town House* (1767) stammt von John oder James Adam, von William Adam das als *Banff Castle* bekannte Stadtpalais, ebenso das elegante *Duff House* am Hügel südlich des Zentrums (⌚ April–Sept. tgl. 10 bis 17 Uhr, Okt.–März Mo–Mi geschl.).

i TIC, Collie Lodge, ☎ 0 12 61/ 81 24 19; nur im Sommer.

Walkers Shortbread, Aberlour on Spey (auf manchen Karten als Charlestown of Aberlour bezeichnet), 10 km westl. von Dufftown: Berühmtes Gebäck zu Fabrikpreisen im angeschlossenen Laden.

Der „Malt Whisky Trail"

Wer sich von der Küste losreißen kann, sollte von Banff aus in südwestlicher Richtung die unzähligen Destillen am Trail ansteuern. Die pagodenartigen Kamindächer der Malzdarren werden um die Ortschaften Keith und Dufftown herum bald zum vertrauten Anblick, und viele Brennereien heißen Touristen zu Führungen und Pröbchen willkommen – besonders gut auf Besucher eingerichtet sind **Glenfiddich** in Dufftown (⌚ ganzjährig Mo–Sa 9.30 bis 16.30 Uhr, April–Okt. auch So ab 12 Uhr) und **Glenlivet** nahe dem gleichnamigen Dorf (⌚ März–Okt. Mo–Sa 10 bis 16, So ab 12.30 Uhr). Den besten Single Malt Whisky der Region produziert wohl die Brennerei **Cragganmore** in Ballindalloch am Spey (⌚ unter ☎ 0 18 07/50 02 02). Südlich von Glenlivet, mitten in den Grampian Mountains, sollte man in **Tomintoul** Halt machen, einem der höchstgelegenen Dörfer der Highlands, um zu verschnaufen, sich die Gegend in Ruhe anzusehen und vielleicht einen Spaziergang am Fluss und auf die Anhöhen zu unternehmen. – Westwärts geht es dann ins Spey-Tal zurück.

Tipp **Highlander Mountaineering,** Highlea, Auchnarrow, Tomintoul (☎ 0 18 07/59 02 50). Unterweisung für angehende Bergsteiger und Kletterer; Touren durch die Cairngorms mit Führern und gebuchter Unterkunft.

Aus den Cairngorms nach Inverness

Die Ortschaft **Boat of Garten** hat sich ganz auf Tourismus eingestellt.

Zum Essen und Übernachten empfiehlt sich das preiswerte **Heathbank House,** ☎ 0 14 79/83 12 34. ($)

Hier im Tal befördern A 9 und A 95 das ganze Jahr hindurch Wanderer, Bergsteiger und Kletterer, Rad- und Kanufahrer, Angler und Golfspieler sowie bei Schneefall Skifahrer in die Zentren von Aviemore und Cairngorm. Das Naturschutzgebiet von *Loch Garten* ist berühmt für die ständige Bewachung, die man dort den letzten Fischadlern Schottlands angedeihen lässt. Die Dampfloks der *Strathspey Railway* ziehen im Sommer Waggons voller Touristen über die landschaftlich schöne Strecke zwischen Boat of Garten und Aviemore.

Von der A 9 Richtung Inverness ist die Abzweigung zum Schlachtfeld von **Culloden** ausgeschildert, dem Ort jener vernichtenden Niederlage, mit der die Hoffnung auf schottischen Einfluss auf die britische Monarchie endgültig verspielt war. Am 16. April 1746 wurde hier die letzte Schlacht auf britischem Boden ausgefochten, zwischen etwa 5000 erschöpften Highlanders unter Führung des Stuart-Thronprätendenten „Bonnie Prince Charlie" und 9000 Mann der Elitetruppen des Herzogs von Cumberland.

1200 Highlanders sollen gefallen sein, und Cumberland erwarb sich den Beinamen „Butcher" (Schlächter), als er befahl, die auf dem Feld zurückgebliebenen Verwundeten und Schaulustige niederzumetzeln. Das Besucherzentrum ist ganzjährig geöffnet (🕓 April–Okt. ab 9 Uhr, sonst ab 10 Uhr), aber der beste Eindruck lässt sich frühmorgens auf dem Gelände gewinnen: Wenn die bunten Flaggen, mit denen die Stellungen der Truppen markiert sind, auf der leeren braunvioletten Heide flattern, lässt sich das Geschehen mit gespenstischer Präzision vor Augen führen.

Inverness und Loch Ness

Oft als „Hauptstadt der Highlands" bezeichnet, ist sie mit 42 000 Einwohnern die weitaus größte Stadt im hohen Norden und beherbergt die Behörden des riesigen, aber dünn besiedelten

Glamis Castle, eine Attraktion nicht nur für Monarchisten

Loch Ness mit der Ruine von Urquhart Castle

Das Nessie-Monument in Inverness wirkt überraschend echt

2

Seite 61

Highland-Bezirks. Hier gibt es die bestsortierten Geschäfte. Im Bahnhof treffen die Direktverbindungen aus Edinburgh und Aberdeen, die Strecke nach Kyle of Lochalsh im Westen und die einzige Bahnlinie nach Norden (Wick/Thurso) zusammen; entsprechend geschäftig wirkt der Ort.

2
Seite 61

Balnain House, Huntly Street, ☎ 0 14 63/71 57 57. Tagsüber informative und technisch vielseitige Ausstellung zur Geschichte der schottischen Volksmusik (🕓 Di–Sa 10–17 Uhr) samt Laden und Café im Keller; abends gibt's Konzerte, und das Café fungiert als Bar mit Musiksessions.

TIC, Castle Wynd, Inverness IN2 3BJ; ☎ 0 14 63/23 43 53.

Dunain Park an der A 82, ☎ 0 14 63/23 05 12, FAX 22 45 32. Die Unterbringung ist erstklassig, die Aufnahme von beispielhafter Freundlichkeit; das Essen wird zu Recht gelobt. $$$

Tipp **Moray Firth Cruises,** Shore St. Quay, ☎ 0 14 63/ 71 79 00. Bootstripps zur Beobachtung der Delphine in der Bucht nördlich der Stadt.

Inverness heißt „Mündung des Ness", und wer dem Fluss in südwestlicher Richtung folgt, trifft auf die lang gestreckte Wasserfläche des **Loch Ness.** Der Urheber des einen berühmten Fotos vom Ungeheuer hat zwar kurz vor seinem Tode gestanden, es gefälscht zu haben, aber das hat dem „Nessie"-Tourismus bislang keinen Abbruch getan – im Gegenteil: Neuerdings werden sogar U-Boot-Fahrten durch den See angeboten. Bootsausflüge an der Oberfläche kann man von Inverness, Fort Augustus oder Drumnadrochit aus unternehmen.

An der Hauptstraße A 82 erhebt sich unübersehbar die Ruine von **Urquhart Castle** (🕓 April–Sept. tgl. 9.30 bis 18.30 Uhr, Okt.–März bis 16.30 Uhr). Loch Ness ist wunderschön, aber trotz seiner Ausdehnung völlig überlaufen.

Route 3

Der Nordwesten: Ross & Cromarty/Sutherland/Caithness

Cromarty – Wick – Thurso – Durness – Ullapool – Kyle of Lochalsh (ca. 830 km)

Der hohe Nordwesten Schottlands ist unvergleichlich; keine andere Reise bereitet einen auf diese Landschaft vor. Bald nachdem man Inverness verlassen hat, werden die Abstände zwischen den Orten immer größer. Wenn man erst die wilde Atlantikküste im Westen erreicht hat, trifft man abseits der Hauptverkehrswege manchmal stundenlang auf keine bewohnte Behausung. Fjordartige Lochs dringen vom Meer her tief ins Land ein, und zusammen mit den zahllosen Süßwasserseen lassen sie manchmal den Eindruck aufkommen, das Land dazwischen sei hier eigentlich nur geduldet. Doch dann erhebt sich wieder ein massiver Felskegel wie der Suilven, der weithin seine Umgebung dominiert. Burgen und Schlösser sind rar, und es entsteht teilweise der Eindruck einer nie erschlossenen Urlandschaft (aber das täuscht).

Die Route folgt weit gehend dem Verlauf der Küste. Motorisierte Reisende sind in dieser Region im Vorteil: Züge verkehren nur an der Ostküste, Busse bedienen vorwiegend die Hauptstrecken, und Fahrradfahrer sollten recht fit sein, um sich hierher zu wagen. Man kann hier den Urlaub seines Lebens verbringen – doch sollte man die oft tragische Geschichte der Region und ihre drängenden Umweltprobleme nicht ignorieren.

Dunnottar Castle

Von Inverness nach Wick

3
Seite 75

Die Brücke über den Moray Firth nördlich von Inverness führt auf die Black Isle genannte Halbinsel mit dem Waldgebiet in der Mitte und schönen Stränden. Bei Kennern gut beleumundet sind die Vogelschutzgebiete von *Munlochy Bay* und *Udale Bay* mit ihren diversen Stelzvogelarten, und das in den letzten Jahren für den Tourismus herausgeputzte Fischerdorf **Cromarty** an der Nordostspitze ist ausgesprochen ansehnlich. Im Cromarty Firth sieht man immer wieder Bohrinseln im Schlepptau vorbeiziehen – die Gegend ist zum Zentrum für Bau und Wartung dieser Monstren geworden.

Tipp **Cromarty Pottery/Disteramics,** 4 Barkly Street, ☎ 0 13 81/ 60 02 40, FAX 60 02 26. Bärbel Dister, die aus Hamburg stammt, bietet drei- und sechstägige Töpferkurse für Anfänger und Fortgeschrittene an.

Bisher konnte man von Cromarty aus die Fahrt nordwärts fortsetzen, indem man die winzige Autofähre nach Nigg auf der Fearn-Halbinsel nahm (tgl. 9 bis 18 Uhr halbstündlich), aber deren weiterer Betrieb ist gefährdet.

i Auskunft erteilt der Betreiber **Seaboard Marine,** ☎ 0 18 62/ 87 12 54.

Südlich der hübschen Ortschaft *Tain* führt die Hauptstraße A 9 um die Bucht des Dornoch Firth herum. Ein guter Einblick in das Leid der Landbevölkerung zur Zeit der Highland Clearances (s. S. 14) lässt sich gewinnen, wenn man in Ardgay auf den Fahrweg abbiegt, der bis zur kleinen Kirche von *Croick* führt. Hier suchten im Frühjahr 1845 einige Familien Unterschlupf, die gewaltsam von ihrem Pachtland in Glencalvie vertrieben worden waren.

Dornoch

Wichtigstes Attribut des netten kleinen Ortes am Nordufer der Bucht ist sein *Hauptplatz* mit der restaurierten Kirche und den Resten des Bischofspalasts aus dem 16. Jh. – abgesehen von dem berühmten Golfplatz auf den Dünen im Süden. Hier wird seit dem frühen 17. Jh. Golf gespielt.

i TIC, The Square, ☎ 0 18 62/81 04 00.

Der alte Bischofspalast ist heute Teil des angenehmen **Dornoch Castle Hotel,** ☎ 0 18 62/81 02 16, FAX 81 09 81. ($)

Tipp Die Anlage **Royal Dornoch,** 1877 vom legendären Tom Morris sen. entworfen, gehört zu den am wenigsten geheimen Geheimtipps unter Golfspielern. Sie ist für Gäste ohne weiteres zugänglich (Büro: ☎ 0 18 62/81 02 19).

Hinter Golspie lockt das Prunkschloss ***Dunrobin Castle** (🕓 April–Okt. Mo–Sa 10–16.30, So ab 12 Uhr; Gärten ganzjährig ab 9.30 Uhr). Der Sitz der Herzöge von Sutherland, die bei den Highland Clearances eine führende Rolle spielten, ist angefüllt mit prunkvollen Kunstgegenständen und Einrichtungsstücken. Das ursprüngliche Gebäude (13. Jh.) wurde 1845–1850 zum protzigen „Château" erweitert.

Helmsdale

Im interessantesten Ferienort an dieser Küste vermittelt das anschauliche **Timespan Centre** (🕓 Ostern–Okt. Mo bis Sa 9.30 – 17 Uhr, So ab 14 Uhr) einen unkomplizierten Eindruck von der Geschichte der Highlands. Es zeigt das Leben von Pikten und Wikingern, den legendären Mord in Helmsdale Castle und die Clearances in der Umgebung. Ein Schwerpunkt ist der Goldrausch vom Ende des 19. Jhs., als das Edelmetall im Strath of Kildonan gefunden wurde.

i TIC, Coupar Park bei der Brücke, ☎ 0 14 31/82 16 40; nur in der Sommersaison geöffnet; „Goldrush Heritage Tours" zu den Goldfundstätten.

Hinter dem Dorf Lybster gilt es auf die Abzweigung nach Camster/Watten zu achten. Auf dem Weg kommt man zu den *****_Grey Cairns_, zwei gut erhaltenen, höchst eindrucksvollen Hügelgräbern aus der Zeit um 2500 v. Chr. Sie sind beschildert und teilweise auch begehbar. Südöstlich davon, nahe der Küstenstraße, liegt der *****_Hill o' Many Stanes_, eine Anlage aus der frühen Bronzezeit. Die rund 200 Menhire sind fächerförmig aufgestellt – ihre genaue Funktion ist bis heute unklar.

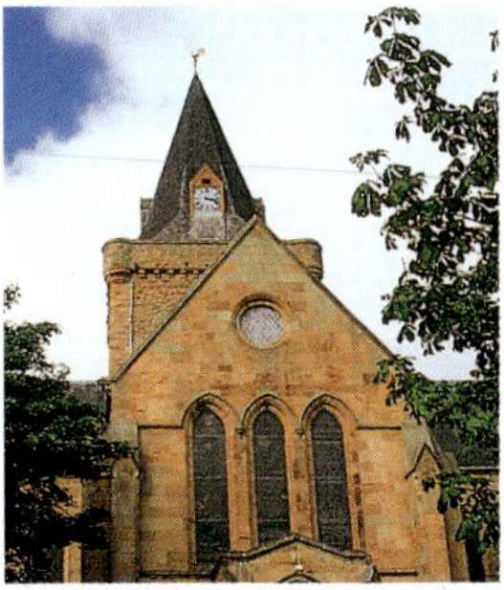

Die Kirche von Dornoch

Seite 75

Wick

Wie eng der hohe Norden Schottlands mit skandinavischen Invasoren verbunden ist, lässt sich schon an dem eindeutigen Ortsnamen ablesen. Er leitet sich vom nordischen „Vik" (Bucht, Mündung, Handelsplatz) her. Wick ist eine geschäftige Ortschaft mit ca. 8000 Einwohnern und auf jede Menge Touristen eingerichtet. Im **Heritage Centre** wird man anschaulich über die Geschichte der Fischerei in der Region informiert. Wer sich heute am beschaulichen Hafen umsieht, wird den alten Fotos kaum Glauben schenken, die ihn mit Hunderten von Fischerbooten gefüllt zeigen – über 1100 Heringsboote sollen früher hier ausgelaufen sein.

Dunrobin Castle – innen so prachtvoll wie außen

i TIC, Whitechapel Road, ☏ 0 19 55/60 25 96.

Nördlich von Wick erheben sich auf den Klippen über Sinclair's Bay die benachbarten Ruinen von _Sinclair_ und _Girnigoe Castle_, über die grausige Geschichten im Umlauf sind. So soll im 16. Jh. der vierte Earl of Sinclair seinen Sohn des ge-

Der Hafen von Helmsdale

planten Vatermordes verdächtigt und eingekerkert haben – bis heute hört man, so heißt es, im Gemäuer das Heulen und Stöhnen des Verhungerten.

John o' Groats und Thurso

3
Seite 75

Am Hafen von **John o'Groats** werden Bootsausflüge nach Orkney, zur vorgelagerten Insel Stroma und zu den Klippen von Duncansby Head angeboten. In die Rundfahrt inbegriffen sind wildromantische Felsformationen, Seehunde, riesige Vogelkolonien – und erheblicher Seegang. Zwar wird immer der Name John o' Groats genannt, wenn von der Nordspitze des britischen Festlands die Rede ist, aber in Wirklichkeit ist dieser Punkt erst hoch über der Brandung am *Dunnet Head* erreicht.

Zu den attraktivsten Orten dieses Küstenstrichs gehört das Städtchen **Thurso,** mit guten Einkaufsmöglichkeiten und dem Hafen Scrabster, von wo die Autofähre nach Stromness auf der Orkney-Hauptinsel ablegt. Nicht unerwähnt bleiben darf die Atomanlage von Dounreay (deren Beschäftigten Thurso die gut bestückten Läden verdankt). Der „Schnelle Brüter" wurde 1994 endgültig abgeschaltet, dann beschloss die Regierung, bis 2006 auch die Wiederaufbereitung von Atommüll (u. a. aus Deutschland) einzustellen.

TIC, Riverside, ☎ 0 18 47/ 89 23 71; nur während der Sommersaison geöffnet.

In der Nähe lässt es sich im **Forss House Hotel** angenehm übernachten (9 km westlich von Thurso an der A 836), ☎ 0 18 47/ 86 12 01, Fax 86 13 01; ($)

Bettyhill

Das hübsche Dorf liegt in herrlicher Umgebung, mit der Pflanzen- und Vogelvielfalt des *Invernaver Nature Reserve* jenseits der kleinen Bucht. Das **Strathnaver Museum** (🕓 April–Okt. Mo–Sa ab 10 Uhr) in einer ehemaligen Kirche gibt einen guten Einblick in die Geschichte der Clearances im Tal südlich des Orts. – Die Fahrt durch das geschichtsträchtige Strathnaver führt zur Kreuzung am Ende des Loch Naver.

Großartige Nordküste

Diese Landschaft Schottlands gehört zum Spektakulärsten, was man in Europa zu sehen bekommt. Die Hauptstraße entfernt sich immer wieder von der Küste, und man müsste in jede Nebenstraße zur Rechten einbiegen, wenn man sich nicht der immer neuen Ausblicke auf einsame Buchten, hoch aufragende Felstürme, tosende Brandung, Seevögel im Aufwind und ferne Inseln im Dunst berauben will. Auf keinen Fall versäumen sollte man an der Strecke zwischen John o' Groats und Durness die Abzweigungen nach Strathy Point, Armadale, Torrisdale/ Skerray und Talmine/Midfield.

Altnaharra Hotel, Altnaharra, Loch Naver, ☎/Fax 0 15 49/ 41 12 22. Großartig gelegenes und komfortables Hotel. ($)

Von hier kann man auf der Straße direkt nach Norden zur Küste bei dem netten Örtchen *Tongue* zurückkehren und entlang der Bucht des idyllischen *Loch Eriboll* weiterfahren.

Durnes und ** Cape Wrath

Hier gibt es einige besondere Sehenswürdigkeiten: die eindrucksvolle Kalksteinhöhle von **Smoo Cave,** deren hohe äußere Kammer gut zu begehen ist, die Kunsthandwerkerkolonie von *Balnakeil* und natürlich ****Cape Wrath.** Das Kap ist von Keoldale aus nur mit einer Personenfähre und anschließender Fahrt im Minibus zu erreichen – eigenmächtiges Umherwandern wird nicht gern gesehen, da die Gegend dem britischen Militär als Schießplatz dient –, aber was für eine Aussicht bietet es!

Tipp Die schönste Wanderung in Schottland für Ambitionierte ist die von Cape Wrath südwärts bis Kinlochbervie. Der 28 km lange Weg ist einsam und größtenteils weitab von jeder Straße – es gibt keine Chance, die Wanderung abzubrechen. Dafür führt sie am legendären Strand von Sandwood Bay entlang, den kein Autofahrer je zu Gesicht bekommt. Vom Ende des Fahrweges, der hinter Kinlochbervie aus dem Süden heranführt, sind es bis Sandwood Bay immer noch 7 km zu Fuß (ausgeschildert von Balchrick – ca. 3 Std. hin und zurück), was die Bucht vor übermäßigem Andrang schützt. Und das ist auch gut so: Hier kommen nämlich die Meerjungfrauen der Gegend zum Ausruhen an Land, was Augenzeugenberichte von Schäfern unzweifelhaft belegen!

Heidelandschaft am Hill o' Many Stanes

3

Seite 75

i TIC Durnes im Ortsteil Sango, an der Hauptstraße, ☏ 0 19 71/ 51 12 59, nur während der Sommersaison.

Nach Ullapool

Von nun an geht die Fahrt an der Westküste entlang Richtung Süden und es gilt der gleiche Rat wie für die Nordküste: Wer sich nur an die gut ausgebaute Hauptstraße hält, verpasst die wahren Schönheiten Schottlands!

Die Ruinen Sinclair und Girnigoe

Tipp Von *Tarbet* nördlich des kleinen Ferienorts Scourie werden Bootsausflüge zum Vogelschutzgebiet auf *Handa Island* angeboten. Die 15-minütige Überfahrt (April–Sept. tgl. außer So) bringt die Besucher auf Tuchfühlung mit Tausenden von Möwen, Lummen, Tordalken, Eissturmvögeln und Kormoranen.

Die steilen Klippen sind ihr Lebensraum

Kylesku Hotel, Kylesku (A 894, am Südende der Brücke), ☏ 0 19 71/50 22 31. Elsässische Küche und sieben Zimmer in der Leere der Highlands. ($)

Hinter der Brücke bei Kylestrome biegt die B 869 zum beliebten, sommers gar überfüllten Ferienort **Lochinver** ab.

TIC, an der Hauptstraße, ☎ 0 15 71/84 43 30.

The Albannach, Baddidarach, 2 km außerhalb von Lochinver, ☎ 0 15 71/84 44 07, Fax 84 42 85. Kost und Logis werden allgemein gelobt. $$

Riverside Bistro, Main Road am Dorfeingang. Leckeres auch für Vegetarier. $

Seite 75

Um den Suilven – auf den Suilven!

Lochinver verlässt man am besten auf dem Fahrweg, der sich zwischen der Küste und dem eindrucksvollen Kegelberg Suilven entlang windet. Diese Strecke wird in so vielen Reiseführern als Quintessenz der Highland-Westküste beschrieben, dass in der Hauptsaison dichter Verkehr zu erwarten ist. Aber das macht die Beschreibung nicht weniger richtig, die Route nicht weniger schön. Der Suilven wird alljährlich von vielen Bergwanderern erklommen; der Aufstieg ist nicht schwierig, aber lang – Geübte müssen vom nächstgelegenen Parkplatz (Glencanisp) aus hin und zurück mit 8 Std. rechnen.

Halbinsel Coigach und Summer Isles

Auf der Halbinsel angekommen, biegt man nach rechts ab, um zum **Strand** an der Enard Bay bei Achnahaird zu gelangen (mit einem wunderschön gelegenem Campingplatz). Im Süden von Coigach liegt der lang gestreckte Ort ***Achiltibuie** mit Aussicht auf die Inselgruppe Summer Isles (Boote s. rechts).

Summer Isles Hotel, Summer Isles, ☎ 0 18 54 /62 22 82, Fax 62 22 51. Das Inselhotel genießt seinen hervorragenden Ruf völlig zu Recht, gute Küche und freundliche Atmosphäre. $$$

Tipp Gleich neben dem Hotel befindet sich das **Hydroponicum,** das oft als „Garten der Zukunft" beschrieben wird (April–Okt. tgl. Führungen stdl. von 10–17 Uhr). Hier werden exotische Pflanzen in regelbarem Mikroklima und in Hydrokulturen herangezogen. Die nötige Energie wird mit Solarzellen gewonnen.

Von Achiltibuie muss man auf die Hauptstraße zurückkehren, um den Weg nach Süden fortzusetzen. Wer das Informationszentrum des Naturschutzgebiets von *Inverpolly* mit seinem Lehrpfad besuchen will (bei Knockan; ◷ Mai–Sept. Mo–Sa ab 10 Uhr), muss auf der A 835 nach Norden abbiegen.

Ullapool

Südwärts geht die Fahrt zum Hauptort der Region. Zur Hauptreisezeit ist es hier oft voll, aber Ullapool hat auch einiges zu bieten, darunter den Campingplatz auf der Landspitze, die mitten im Ort in den Loch Broom hinausragt. Von Ullapool verkehrt auch die Autofähre nach Stornoway auf der Hebrideninsel Lewis (im Sommer Mo–Sa dreimal pro Tag, die Überfahrt dauert knapp 3 Std.).

Tipp Unbedingt zu empfehlen sind die Bootsausflüge zu den *Summer Isles* (mehrere Veranstalter am Hafen), bei denen es neben der wunderschönen Landschaft Kormorane, Seehunde, (mit ein wenig Glück) Delphine und (mit sehr viel Glück) einen Wal zu sehen gibt.

TIC, Argyle Street, ☎ 0 18 54/61 21 35, nur im Sommer.

Highland Stoneware Pottery, Mill Street, Ullapool (an der A 835). Eine große Auswahl an Keramik direkt vom Hersteller.

Ceilidh Place, 14 West Argyle Street gleich oberhalb des Campingplatzes, ☎ 0 18 54/ 61 21 03, Fax 61 28 86. Ein leicht exzentrischer, aber höchst angenehmer Betrieb, der Restaurant und Café,

Hotel und Veranstaltungszentrum vereint. ($)

Am anderen Ufer des Loch Broom liegt der berühmte **Altnaharrie Inn** (☏ 0 18 54 / 63 32 30; acht Gästezimmer), das einzige Restaurant in Schottland mit zwei Michelin-Sternen und eines der wenigen, die nur per Boot zu erreichen sind – was zusammen mit den Preisen dem exklusiven Unternehmen Laufkundschaft vom Hals hält. ($$)

Von Ullapool Richtung Applecross

Die fjordartigen Buchten reichen in dieser Gegend so weit ins Land hinein, dass die Fahrt entlang der Küste viele Umwege bedingt, aber dafür tun sich hinter jedem Hügel als Entschädigung neue Ausblicke auf.

Eine echte Sehenswürdigkeit sind die * **Inverewe Gardens** am Loch Ewe (nördl. von Poolewe; ⏲ Park ganzjährig ab 9.30 Uhr; Besucherzentrum im Winter geschl.; Führungen Mitte März–Sept. Mo–Fr 13.30 Uhr). Auf diesem Landvorsprung soll nur eine einzige Weide gewachsen sein, ehe Osgood Mackenzie hier 1862 einen Garten mit exotischen Pflanzen aus aller Welt anzulegen begann, der heute zu den größten Touristenattraktionen der Küste gehört. Das Areal umfasst über 20 ha, wer alle Spazierwege abgehen will, braucht dafür mehrere Stunden.

Der Ort **Gairloch** hat sich seit dem 19. Jh. ganz auf den Tourismus eingestellt. Sein preisgekröntes *Heritage Museum* bringt einem die Lebensumstände der Bewohner dieser Region seit der Steinzeit nahe. Es lohnt sich, die Nebenstraßen zu den Stränden und Aussichtspunkten nicht zu verpassen: Die B 8021 führt in nördlicher Richtung zu den treffend benannten „Big Sands“, und auf der B 8056 im Süden erreicht man *Redpoint*, von wo man einen großartigen Ausblick auf die Insel Skye genießen kann.

Die eindrucksvollen Klippen von Cape Wrath

Abendstimmung auf der Halbinsel Coigach

Die Inverewe Gardens am Loch Ewe

3

Seite 75

DER NORDWESTEN UND
DIE HEBRIDEN
ROUTEN 3 UND 4
0
30 Meilen
0
30 Kilometer
N
ATLANTISCHER
OZEAN
Lionel
Arnol
Shawbost
Uig
Bernera
Stornoway
Portnan
Giuran
Timsgarry
Callanish
Äußere
Lewis
The Minch
Achnahai
Summer
Isles
Tarbert
Laide
Harris
Hebriden
Leverburgh
Inverewe
Gardens
Gair-
loch
Duntulm
Castle
Kilmuir
Quirang
Talladale
North
Uist
Balranald
Staffin
Lochmaddy
Uig
Barpa Langass
Pobull Fhinn
Torridon
The Storr
719
Shieldaig
Gramsdale
Dunvegan
Castle
Dunvegan
Applecross
Benbecula
The Little Minch
Portree
Skye
Lochcarron
Howmore
Plockton
Portnalong
Kyle of
Lochalsh
South
Innere
Talisker
Dunan
Uist
Cuillin
Hills
Broadford
Kyleakin
Lochboisdale
Sea of the
Glenbrittle
House
1009
Glenelg
Elgol
Hebrides
Clan
Donald
Centre
Arnisd
Ludag
Hebriden
Mallaig
Barra
Castlebay
Rhum
Point of Sleat
Kisimul
Castle
Arisaig
Oban

Orkney-Inseln
Dunnet Head
John o'Groats
Stroma
Duncansby Head
Cape Wrath
Durness
Loch Eriboll
Armadale
Dounreay
Thurso
Golval
Sinclair Castle
Sheigra
Kinlochbervie
Farr
Bettyhill
Tongue
Eriboll
Dalhalvaig
Girnigoe Castle
Wick
Handa Island
Laxford Bridge
Camster
Scourie
Latheron
Lybster
Kylestrome
Altnaharra
Loch Naver
Strathnaver
Kinbrace
Kylesku
Dunbeath
Lochinver
Ben More Assynt
998
Kildonan
Suilven
731
Berriedale
Helmsdale
Knockan
Lairg
Brora
Dun Canna Broch
Dunrobin Castle
NORDSEE
Invershin
Dornoch Castle
Dornoch
Ullapool
Ardgay
Tain
Beinn Dearg
1081
Braemore
Branderburgh-Lossiemouth
Burghead
Alness
Elgin
Invergordon
Cromarty
Aberdeen
Dingwall
Kinlochewe
Forres
Achnesheen
Nairm
Rothes
Croy
Craigellachie
Ferness
Inverness
Davior
Findhorn
Glass
Cannich
Drumnadrochit
Urquhart Castle
Tomatin
Grantown-on-Spey
Carrbridge
Loch Ness
Carn Odhar
798
Tomintoul
NORTHWEST HIGHLANDS
Aviemore
Corgarff
Avon
Kingussie
Newtonmore
Invergarry
och Quoich
Laggan
Braemar
Spean Bridge
Pass of Drumochter
GRAMPIAN MOUNTAINS
Loch Ericht
Fort William
Glasgow
Edinburgh
3

3

3

Seite 75

TIC Gairloch, Ortsteil Auchtercairn, an der Kreuzung; ☏ 0 14 45/71 21 30.

Der *Loch Maree* südöstlich von Gairloch genießt den Ruf, der schönste See in Schottland zu sein. Darüber ließe sich natürlich streiten, aber hässlich ist die Landschaft hier jedenfalls nicht.

Tipp Am Südende des lang gezogenen Sees informiert das Besucherzentrum des ausgedehnten **Beinn Eighe National Nature Reserve** über Flora und Fauna des Naturschutzgebiets und ist Ausgangspunkt für Lehrpfade durch alten kaledonischen Forst.

Loch Maree Hotel, Talladale, ☏ 0 14 45/ 76 02 88. Bei Anglern beliebt, aber auch sonst empfehlenswert. $$)

Die Halbinsel Applecross

Ihre Erkundung beginnt bei dem idyllischen Ort Shieldaig.

Tigh-an-Eilan, Shieldaig, ☏ 0 15 20/ 75 52 51. Viel gelobtes Pub und Hotel. $$)

Die einzige Straße führt (mit wunderbaren Ausblicken zu den Inseln Rona und Raasay) an der Küste entlang.

Zwischen Straße und Ufer sind gelegentlich Reste von Wohnhäusern zu erkennen – obwohl man es heute kaum glauben mag, lebten hier in der ersten Hälfte des 19. Jhs. nach Auskunft damaliger Kirchenbücher noch fast 2900 Menschen.

Applecross Inn, Applecross, Shore Street, ☏ 0 15 20/ 74 42 62, FAX 74 44 40. Schlichte Unterkunft und schlichtes Essen – aber alle, die dort hinfinden, sind sehr angetan. $

In **Applecross** selbst zweigt ein Fahrweg ins Innere ab, der stetig ansteigt und schließlich auf der Passhöhe des **Beallach na Bà** anlangt. Der gälische Name bedeutet „Passstraße der Rinder" – über diesen atemberaubenden Pfad wurde früher das Vieh zum Markt getrieben. Heute versammeln sich hier die Autofahrer, um die grandiose Aussicht hinüber zur Bergwelt von Skye zu genießen.

Ziel: Kyle of Lochalch

Von der Südseite des Beallach na Bà Passes sieht man jenseits des Loch Carron die Ortschaft **Plockton** liegen, doch muss man noch viele Kilometer gewundener Straße um den Loch herum in Kauf nehmen, ehe sie erreicht ist. Der Charme von Plockton ist auf die Strandpromenade mit den zum Hügel hin aufgereihten, weiß und pastellfarben getünchten Häusern zurückzuführen. Die gestutzten Palmen gedeihen im milden Klima der windgeschützten Bucht, in der viele Segelboote vor Anker liegen.

The Haven Hotel, 3 Innes Street, Plockton, ☏ 0 15 99/ 54 42 23, FAX 54 44 67. Freundliches kleines Hotel mit ausgesprochen gutem Essen. $$)

Südlich von Plockton, an der Hauptstraße nach Kyle of Lochalsh, liegt **Eilean Donan Castle** auf einem Felsen, der am Zusammenfluss der Lochs Duich, Alsh und Long aus dem Wasser aufragt. Lange stand hier eine Ruine, und erst zu Beginn des 20. Jhs. wurde damit begonnen, die Burg zu restaurieren – heute gehört sie zu den meistfotografierten Motiven in Schottland.

Kyle of Lochalsh war mit seiner Fähre lange Zeit das Tor zu den Hebriden, aber nun führt eine Brücke den Durchgangsverkehr zur Insel Skye am Ort vorbei. Wo die Burgruine von Castle Moil und die Aussicht über die Meerenge auf die Inseln das Panorama bestimmten, ist heute der Betonbogen unausweichlicher Blickfang. Ständige Protestaktionen gegen die hohe Maut haben dazu geführt, dass die Preise für Einheimische halbiert wurden, aber eine Bürgerinitiative will sie ganz abgeschaffen – und zwar für alle Benutzer.

Route 4

Die Hebriden: **Skye und die Outer Hebrides

Skye – Harris – Lewis – North Uist – South Uist – Barra (ca. 580 km)

Loch Maree

Die Äußeren Hebriden sind fast ein Urlaubsziel für sich, nicht nur wegen der Anreise übers Meer, die außer Skye alle Inseln schwer erreichbar macht, sondern auch aufgrund ihres eigenständigen Charakters. Vom überwiegenden Teil des schottischen Festlands unterscheiden sie sich durch ihre Sprache und Landschaft. Der erste Teil der folgenden Route führt nach Skye, in die dramatische Bergwelt der Cuillins und zu den Zeugnissen einer wechselhaften Geschichte. Von Uig im Nordwesten geht es dann mit der Fähre nach Tarbert auf Harris. In weniger als zwei Stunden wird man in eine andere Welt versetzt: Alle Straßenschilder sind gälisch beschriftet, sonntags kommt das Inselleben zum Stillstand, und das Wetter ist selbst für schottische Verhältnisse unberechenbar. Weiter geht die Reise von Harris mit der Fähre nach North Uist, dann nach Benbecula und South Uist. Eine weitere kurze Überfahrt bringt einen nach Barra.

Auch wenn hier nicht alle bewohnten Inseln der Hebriden behandelt werden können, vermittelt die Route doch einen ersten Eindruck von den größten und besterschlossenen. Wer einmal den Anfang gemacht hat, wird es kaum dabei belassen.

Die Red Cuillins

Ausblick von den Cuillin Hills

Landschaft auf Skye

4

Seite 74

**Skye

Kyleakin heißt der Ort auf der Landspitze, zu der die Skye-Brücke führt. Hier kommen die meisten Urlauber auf Skye an, aber dies ist nicht die einzige Möglichkeit, die Insel zu erreichen: Von Mallaig südlich von Skye verkehrt im Sommer siebenmal am Tag die Autofähre nach Armadale (Überfahrt ca. 30 Min.; Anschluss an Bahnverbindung von Glasgow/Fort William). Nur auf einspurigem Fahrweg von Shiel Bridge ist die kurze Fährverbindung Glenelg–Kylerhea zu erreichen – aber die Anfahrt gehört zu den schönsten in der Gegend, man kann (muss!) im Glenelg Inn einkehren, und die seltsamen runden Glenelg Brochs, Steinbehausungen aus dem 1. Jh., besichtigen.

4

Seite 74

Unterwegs nach Portree

Den Südosten von Skye bildet die Halbinsel *Sleat* („Sleht" gesprochen), das angestammte Land der MacDonalds. Im Armadale Castle informiert das **Clan Donald Centre** (© April–Nov. tgl. 9.30–17.30 Uhr) darüber, wie sie den Titel „Lords of the Isles" erwarben und zum bestorganisierten Clan der modernen Zeit wurden, dessen Angehörige aus aller Welt, v. a. aus Nordamerika, hierher pilgern.

Nördlich davon an der Küste kann man sich im Dorf Isleornsay von der Frau des derzeitigen Clan-Chiefs bekochen lassen. Lady Claire MacDonald, Autorin mehrerer Kochbücher mit schottischen Rezepten, waltet mit ihrem Mann im exklusiven **Kinloch Lodge Hotel**, ☎ 0 14 71/83 32 14, FAX 83 32 77. $$

Am Fuß von Bla Bheinn, einem imposanten Berg mit den berühmten ***Cuillin Hills* im Hintergrund, geht es nach **Elgol.** Am Ende der Straße ist rechts ein Parkplatz. Dort muss man sich erst einmal umsehen: Im Westen liegt die kleine Insel Soay, im Süden sind die „Small Isles" Rum und Canna zu erkennen, und im Nordwesten ragen die Cuillins empor. Im Sommer werden am Kai von Elgol Bootsfahrten über die Bucht des Loch Scavaig mitten hinein in die Bergwelt angeboten; man kann an Land gehen und zum * *Loch Coruisk* hinaufsteigen.

Loch * Coruisk

Obwohl er nicht leicht zugänglich ist, wurde dieser See zu einem der berühmtesten Anblicke in Schottland, verewigt von Malern und Dichtern der Romantik wie Walter Scott und William Turner. Der See liegt meist sonnenbeschienen da, umgeben von blühendem Wildwuchs.

Tipp Bergsteiger können leichte Routen in die **Red Cuillins** vom Sligachan Hotel (A 850) angehen oder sich von Glenbrittle aus an die Ehrfurcht gebietenden **Black Cuillins** (nur für Erfahrene!) heranwagen; Infos beim TIC in Broadford (☎ 0 14 71/ 82 23 61) oder Portree (siehe dort).
Pinnacle Ridge Mountain Guiding, Croft 12, Portnalong, Isle of Skye IV47 8SL, ☎ 0 14 78/64 03 30.
Plant Touren, bucht Bergführer, bietet Kletterkurse.

Wer sich jenseits der Cuillins an die Südwestküste von Skye hält, kann von der Hauptstraße A 863 sowohl zur Whiskybrennerei *Talisker* abbiegen, zum *Colbost Folk Museum* und zum *Piping Centre* in Borreraig, wo fast alles Wissenswerte über Dudelsäcke und ihre Musik zu erfahren ist. Schließlich gelangt man zum * **Dunvegan Castle,** schon seit über 700 Jahren Stammsitz der Chiefs des Clan MacLeod (© März bis Okt. tgl. 10–17.30 Uhr, Nov.–Febr. auf Anfrage: ☎ 0 14 70/52 12 06). Neben Erinnerungsstücken aus der Zeit der jakobitischen Aufstände sind die Clanmemorabilien von Bedeutung, insbesondere die „Fairy Flag". Der Legende zufolge wurde das Banner dem vierten Chief von einer Fee übergeben, in die er sich unsterblich verliebt hatte.

Zweimal sei es in der Vergangenheit entrollt worden, als es galt, den Clan aus großer Not zu retten ...

Dunvegan Castle auf der Insel Skye

Portree

Im Hauptort von Skye, verführen die malerischen Häuserzeilen am Ufer des Loch mit Läden und Bed & Breakfast-Unterkünften zu längerem Aufenthalt.

TIC, Bayfield House, Bayfield Road, ☏ 0 14 78/61 21 37.

Viewfield House südlich der Ortsmitte, ☏ 0 14 78/ 61 22 17. Einladendes Hotel – es sei denn, man hält nichts von ausgestopften Tieren und Dinner am großen Familientisch. ($)

Freitagabends ist Mittanzen Pflicht in der **Gathering Hall**. **Folkfestival** im Juli mit Musik und Tanz (☏ 0 14 71/ 84 42 07).

Das Flora MacDonald Memorial in Kilmuir

4

Seite 74

Flora MacDonald und Bonnie Prince Charlie

Bei Flodigarry nördlich von Portree steht auch ein Haus, in dem Flora MacDonald gelebt hat. Mit ihrem Namen verbinden Schotten die romantische Geschichte von Bonnie Prince Charlie, der 1746 nach der vernichtenden Niederlage von Culloden auf die Hebriden flüchtete und von der edlen Maid gerettet wurde. Allen Berichten zufolge stimmt es, dass Flora MacDonald für den Prinzen ihr Leben aufs Spiel setzte. Nur war die ganze Flucht, wie so vieles an den Jakobitenaufständen, zu gleichen Teilen von individuellem Heldenmut, organisatorischem Chaos und politischer Naivität geprägt. Zwar brachte Flora MacDonald Prince Charlie von den Äußeren Hebriden nach Skye – doch verpasste er dadurch das französische Schiff, das drei Tage später Benbecula anlief, um ihn abzuholen. Als Charles Edward Stuart sich schließlich doch noch nach Frankreich eingeschifft hatte, schrieb John MacDonald of Borodale bitter: „Und so verließ er uns und ließ uns alle in schlimmeren Umständen zurück, als er vorgefunden hatte." Flora MacDonald wurde verhaftet und zwei Jahre lang im Londoner Tower eingekerkert. Nach langem Aufenthalt in Amerika kehrte sie, von ihren Landsleuten verehrt und hochangesehen als Gesprächspartnerin bekannter Persönlichkeiten wie Samuel Johnson, nach Skye zurück, wo sie in *Kilmuir* auf der Westseite der Halbinsel Trotternish begraben liegt. Das hohe keltische Kreuz beim Friedhof über der Küste markiert die Stelle, wo sich 1790 eine riesige Menschenmenge versammelte, um von Flora MacDonald Abschied zu nehmen.

Nördlich von Portree

An der Ostküste der Halbinsel Trotternish, liegen entlang der A 855 einige unvergleichliche Naturdenkmäler. Das erste ist der **Old Man of Storr** genannte bizarre Felszacken, der höchste einer ganzen Gruppe. Vom Parkplatz kann man mit festem Schuhwerk hinaufsteigen. Die Aussicht nach Süden und Osten ist grandios. Nördlich liegt der kleine Loch Mealt, der sich über die Klippen ins Meer ergießt. Vom Straßenrand aus ist am Uferabhang **Kilt Rock** zu sehen. Seine Gesteinsformationen sollen dem Muster und Faltenwurf der schottischen Nationaltracht ähneln. Und jenseits des Dorfs Staffin erheben sich links die seltsamen Felsen **Quiraing.**

4

Seite 74

Dun Flodigarry, an der A 855 nördlich des Quiraing, ☎ 0 14 70/55 22 12. Herberge für Rucksackträger. Gleich nebenan: **Flodigarry Country House,** ☎ 0 14 70/ 55 22 03, FAX 55 23 01. Ein Hotel für gehobenere Ansprüche ($$), dazu ein Pub mit Musik und Tanz der traditionellen Sorte ($). Am Samstagabend beim Ceilidh im Pub treffen sich Einheimische, Hotelgäste und Herbergler.

In Kilmuir bieten die strohgedeckten Cottages des *Skye Museum of Island Life* (🕓 April–Okt. Mo–Sa 9.30 bis 17.30 Uhr) einen guten Einblick in den einstigen Alltag der Landbevölkerung.

Uig ist ein kleiner Hafen südlich von Kilmuir, von dem die Autofähre (tgl. außer So; Überfahrt 1 1/2 bzw. 4 Std. – die Fähre verkehrt auf einem Dreieckskurs zwischen Uig/Skye, Tarbert und Lochmaddy/North Uist) nach **Tarbert auf Harris** (Äußere Hebriden) ablegt.

Lewis und Harris

Auf der Doppelinsel erwartet den Reisenden ein neues Erlebnis: Unter sich sprechen die Einheimischen oft gälisch, und es ist neben Englisch gleichberechtigte Unterrichtssprache in den Schulen. Auch Gottesdienste werden auf den protestantischen Nordinseln wie im katholischen Süden in der Regel auf gälisch abgehalten (die Religionsgrenze verläuft durch die Insel Benbecula).

Sonntagsruhe!

Insbesondere auf der Doppelinsel Lewis und Harris wird sie noch streng eingehalten – nicht nur Museen und Geschäfte sind geschlossen, sondern auch die meisten Lokale (außer Hotels) und Tankstellen.

Hilfestellung beim Dechiffrieren der rein gälischen Straßenbeschilderung gibt das Faltblatt, das auf der Fähre oder im TIC an der Pier Road von An Tairbeart/Tarbert (☎ 0 18 59/ 50 20 11) erhältlich ist. So gerüstet macht man sich nun an der Ostküste der Doppelinsel (der Südzipfel heißt Hearadh/ Harris, der weitaus größere Teil im Norden Leodhais/Lewis) auf den Weg in den größten Ort dieser Insel:

Steornabhagh/Stornoway mit etwa 8100 Einwohnern bietet deshalb auch die bestbestückten Läden. Über die Geschichte der Region informiert das *Museum nan Eilean/Western Isles Museum,* Francis Street. Im alten Rathaus gibt es Ausstellungen im Kulturzentrum *An Lanntair* (🕓 Mo–So 10 bis 17.30 Uhr).

i TIC, 26 Cromwell St., ☎ 0 18 51/ 70 30 88, FAX 70 52 44; Unterkunftsnachweis und Informationen für die gesamten Äußeren Hebriden.

Tipp **Lewis Loom Centre,** The Old Grainstore, Bayhead. Informative 40-minütige Führungen bieten Einblick in alle Stadien der Tweedherstellung (🕓 Mo–Sa 10–17 Uhr).

Captions, 27 Church Street, E-Mail: bayble@ captions.co.uk. Das einzige Internet-Café der Äußeren Hebriden, mit gutem Gebäck.

Von Stornoway geht die Fahrt durch weite Moorlandschaft quer über die Insel zur Nordwestküste. Dort führt ein Straßenzug südwestwärts, vorbei am *Black House Museum* in Arnol (🕓 April–Sept. Mo–Sa 9.30–18.30, Okt. bis März Mo–Do, Sa 9.30–16.30 Uhr). Diese „schwarzen Häuser" wurden ohne Kamin gebaut und mit einem Torffeuer beheizt, dessen Rauch durchs strohgedeckte Dach abzog. Die Gegend bietet schöne Strände (wie die bei Dail Mor/Dalmore und Dail Beag/Dalbeg), und aus vielen Häusern ist das Klappern von Webstühlen zu hören.

Blick über Portree, den Hauptort von Skye

Tipp In Siabost/Shawbost oder Carlabhagh/Carloway kann man Weber bei der Arbeit beobachten.

Der Old Man of Storr auf Trotternish

Eine der bedeutendsten prähistorischen Stätten Europas ist der Steinkreis von ** **Calanais/Callanish.** Mit dem alles überragenden Menhir und einer Grabkammer in der Mitte sowie den Steinreihen, die kreuzförmig vom Kreis weg angeordnet sind, ist er als „überragende Leistung der Steinkreisarchitekten" beschrieben worden. Besucherzentrum samt Andenkenladen und Café (🕓 April–Sept. Mo bis Sa 10–19 Uhr, sonst bis 16 Uhr). Der Steinkreis ist seit über 4000 Jahren ganztägig zugänglich.

Biegt man bei Gearraidh Na H-Aibhne/Garynahine nach Süden auf die B 8011 ab, kann man Moor, Felsen, Weideland voller Wildblumen („machair" genannt und für diese Inseln typisch) und endlose Strände genießen.

Baile-Na-Cille, Timsgarry, ☎ 0 18 51/67 22 42, FAX 67 22 41, E-Mail: RandJGollin@compuserve.com. Hotel in idyllischer Lage, kinderfreundlich, mit deftiger schottischer Kost. $$

Tweed-Webstuhl im Museum von Stornoway

Um den Harris genannten Teil der Insel zu erreichen, muss man auf die Haupt-

4

Seite 74

Feiner Zwirn

Der berühmte Harris Tweed darf sich nur so nennen, wenn er auf den Äußeren Hebriden aus reiner schottischer Schurwolle auf dem Handwebstuhl hergestellt ist und das Markenzeichen der „Harris Tweed Association" trägt.

straße zurückkehren. Südlich von Tarbert sind die Strände der Westküste womöglich noch ausgedehnter, noch eindrucksvoller. In ein badefreundliches Klima versetzt wären sie überfüllt, und es stünden hier Dutzende von Hotels, von denen keines auch nur halb so malerisch oder so gut wäre.

4

Seite 74

Scarista House an der A 859, ☎ 0 18 59/55 02 38, Fax 55 02 77, E-Mail: scarista@compuserve.com. Es fehlt zu Recht in keinem Hotelführer. ($)

Der englische Name des Orts **An T-ob/Leverburgh** an der Südküste von Harris verweist auf ein groß angelegtes Experiment, das der Seifenmagnat Lord Leverhulme (Unilever) unternahm. Er hatte die Doppelinsel erworben und begonnen zu modernisieren: er ließ einen Fischereihafen, Straßen und eine Fischkonservenfabrik bauen. Auf dem Festland eröffnete er eine eigene Kette von Fischläden (MacFisheries genannt!). 1923 sah sich der Lord gezwungen, seine Pläne für Lewis fallen zu lassen. Bis zu seinem Tod investierte er weiter in Harris und insbesondere in Leverburgh, aber seine Rechtsnachfolger stellten alle Zahlungen ein. Die Hafenanlagen von Leverburgh erinnern noch an das Vorhaben.

North Uist, Benbecula und South Uist

Von Leverburgh gibt es die Möglichkeit, mit der Autofähre direkt nach Otternish auf Uibhist A Tuath/North Uist überzusetzen (Mo–Sa 3–4-mal pro Tag; 1 Std. 10 Min.). North Uist und die Inseln im Süden, Beinn Na Faoghla/Benbecula und Uibhist A Deas/South Uist, sind über Straßendämme miteinander verbunden und bilden einen langen schmalen Landstreifen. Die Ostküsten sind durchweg felsig, mit tief eingekerbten Buchten und vorgelagerten Inselchen, die Westküsten bestehen weit gehend aus langen Sandstränden zwischen Landvorsprüngen. Für das Landesinnere sind Machair-Weiden typisch.

Auf North Uist, Benbecula und South Uist sind die Einrichtungen der britischen Streitkräfte nicht zu übersehen. Sie bieten nicht gerade eine Augenweide, aber den Einwohnern von Benbecula wenigstens sehr gute Einkaufsmöglichkeiten und einen Flugplatz.

Auf **North Uist** darf kein Vogelfreund versäumen, das Schutzgebiet von *Baile Raghaill/Balranald* zu besuchen (Interessierte sollten sich beim Aufseher melden). Auf einer Fläche von 658 Hektar finden sich die unterschiedlichsten Lebensbedingungen: Meerwasser, Felsen, Sandstrand, Dünen, Machair, Marsch und Süßwasser. Kein Wunder, dass hier 183 Vogelarten gezählt wurden, von denen etwa 50 nisten. Die Insel hat außerdem mit dem Hügelgrab von *Bharpa Langais/Barpa Langass* (an der Straße von Lochmaddy nach Clachan), in dem um 1000 v. Chr. eine Persönlichkeit von Stand bestattet worden sein soll, eine gut erhaltene prähistorische Stätte zu bieten.

Tipp **Uist Outdoor Centre,** Cearn Dusgaidh, Lochmaddy, North Uist PA82 5AE, ☎ 0 18 76/50 04 80. Anleitung, Ausrüstung und Urlaubsplanung für Taucher, Kanufahrer, Wanderer und alle, die Rehe, Vögel, Fische und Wale sehen und nicht umbringen wollen.

South Uist misst etwa 32 km in der Länge, ist aber an keiner Stelle breiter als 10 km. Von Loch Baghasdail/Lochboisdale im Süden der Insel geht die

Autofähre nach Barra bzw. nach Mallaig/Oban auf dem Festland ab (Di, Do, Fr, So; Überfahrt nach Barra 1 1/2 Stunden; nach Mallaig/Oban 7–9 Stunden).

TIC, Pier Road, ☏ 0 18 78/70 02 86; nur im Sommer.

Wer Zeit und Muße hat (und Glück mit dem Wetter), sollte ganz bis zur Südspitze von South Uist fahren.

Dort kann man im bzw. vor dem **Polochar/Pol a Charra Inn** (Zimmer ☏ 0 18 78/ 70 02 15, FAX 70 07 68; $) im Angesicht der Inseln im Süden und des endlosen Atlantik im Westen den Stunden dauernden Sonnenuntergang genießen.

Skye Museum of Island Life, Kilmuir

***Eilean Bharraigh/Barra

Strandlandschaft der Insel Lewis

Die besonders verlockende, charmante und freundliche Insel bildet mit ihrer hinreißenden Landschaft einen würdigen Abschluss für die Erkundung der Äußeren Hebriden. Ihr Hauptort ist **Bagh A Chaistail/Castlebay** im Süden. Auf einem Inselchen mitten in der Hafenbucht ragt die Burg Kisimul Castle aus dem 13. Jh. auf.

Beim TIC (Main Street, ☏ 0 18 71/ 81 03 36; nur im Sommer) kann man erfragen, ob die Seehundkolonie von beachtlicher Größe in der Seal Bay zu besuchen ist (je nach Saison).

Castlebay Hotel, Castlebay, ☏ 0 18 71/81 02 23, FAX 81 04 35. Kleines Hotel mit Restaurant und fröhlicher Bar. $

Der berühmte Flugplatz am Strand von Traigh Mhor, der nur bei Ebbe anzufliegen ist, macht den Flug von Glasgow hierher zu einem der aufregenderen Erlebnisse, die man als Passagier einer Linienmaschine haben kann.

Teilansicht des Steinkreises von Callanish

4

Seite 74

Route 5

Der Westen: Lochaber/ Argyll/Die südlichen Inseln

Oban – Lismore – Mull – Iona – Staffa – Fort William – Glen Coe – Inveraray – Islay – Jura (ca. 760 km)

In der von irischen Skoten besiedelten Provinz Dalriada im heutigen Argyll beginnt die Geschichte des vereinten christlichen Schottland. Hier im Südwesten landete der irische Mönch Columba und gründete ein Kloster auf Iona. Hier herrschte der Skotenkönig Kenneth MacAlpin, der die Pikten besiegte, sein Reich mit dem ihren vereinigte und so den Schotten ihren heutigen Namen gab. Die ausgedehnten Buchten, die das Land in lang gezogene Halbinseln und vorgelagerte Inseln aufteilen, haben seit prähistorischer Zeit Besucher angezogen, die dann nicht wieder fortwollten. Auf den Spuren der irischen Kelten und der Wikinger wandeln heute die Touristen, die nach Iona pilgern, sich in Segelbooten auf die Lochs hinauswagen oder im August das Argyllshire Highland Gathering in Oban bestaunen.

Die Route durch Lochaber und Argyll führt von Oban auf die Insel Mull und von dort durch die wunderbare Landschaft der Halbinseln Morvern, Ardnamurchan und Moidart nach Fort William. Dann wendet sie sich nach Süden durch Glen Coe und am Loch Awe entlang bis zur Halbinsel Kintyre, mit einem Abstecher auf die Inseln Islay und Jura.

Die Gegebenheiten dieser Region verlangen, dass man fast ebenso lang auf Fähren reist wie auf der Straße. Aber was bekommt man von der See aus nicht alles zu sehen!

5

Seite 87

Oban

Der Ort bildet sozusagen das Tor zu den Hebriden. Von hier gehen die Fähren nach Mull, Barra, South Uist und Colonsay sowie zu den nahe gelegenen Inseln Kerrera und Lismore ab, und hier ist das Touristenzentrum für die gesamte Grafschaft Argyll. Nicht nur Urlauber strömen zusammen, sondern auch die ländliche Bevölkerung der Region tätigt im Ort ihre Einkäufe, so dass Oban stets geschäftig wirkt.

Auf der Anhöhe direkt hinter dem Hafenbecken steht *McCaig's Tower*, der an das Kolosseum von Rom erinnert. Der Bankier John Stuart McCaig ließ das seltsame Gebäude um 1897 als Arbeitsbeschaffungsmaßnahme für die einheimische Bevölkerung erbauen, doch es wurde nie vollendet. Die Aussicht über den Loch nach Mull und zu den kleineren Inseln hin lohnt jedenfalls den Aufstieg. Aus dem 13. Jh. datieren die Reste von *Dunollie Castle*.

i TIC, Argyll Square, ☏ 0 16 31/56 31 22.

Manor House, Gallanach Road, südlich der Ortsmitte, ☏ 0 16 31/56 20 87, FAX 56 30 53. Gern empfohlenes Hotel in Oban. Es genießt einen exzellenten Ruf, vor allem für seine Küche. $$

Caithness Glass Visitor Centre, Waterfront Centre, Railway Pier. Glasbläser führen ihr Handwerk vor, und der angeschlossene Laden bietet Caithness-Glas zu ermäßigten Preisen.

Argyllshire Highland Gathering mit Volksmusik und traditionellen Tänzen alljährlich im August.

Tipp Für mehrtägige Segeltörns durch die Inselwelt der Westküste kann man die 20-Meter-Ketsch **„Corryvreckan"** mit Besatzung chartern bei: Dal An Eas, Kilmore, Oban PA34 4XU, ☏ 0 16 31/77 02 46.

Lismore

Nach einem Regenschauer: Landschaft bei Oban

Besondere Freude bereitet ein Besuch der Insel im Loch Linnhe (Autofähre von Oban: tgl. außer So 4–5-mal, Überfahrt ca. 50 Min.; Fähre von Port Appin: tgl. durchgehend bis 19 Uhr; Überfahrt ca. 10 Min., nur für Fußgänger und Radfahrer). Empfehlenswerte Ausflüge führen zu einem **Broch** (Rundturm) aus den ersten nachchristlichen Jahrhunderten bei Tirefour und zur Ruine von **Achadun Castle,** einem ehemaligen Bischofspalast – die Insel war von 1200 bis 1507 Sitz der Diözese Argyll, und man kann noch die Reste der ehemaligen Kathedrale besichtigen. Die erste christliche Gemeinde soll hier im 6. Jh. von dem irischen Heiligen Moluag gegründet worden sein.

Die Küstenstadt Oban, überragt von McCaig's Folly

*Mull und seine Inselwelt

Die Insel *Mull

Ebenfalls von Oban aus erreicht man Mull, neben Skye die zweite der leicht zugänglichen großen Hebrideninseln (Autofähre nach Craignure: Mo–Sa 6–8-mal, So 3–5-mal, Anschluss an Bahnverbindung von Glasgow; Überfahrt ca. 40 Min.). Die Fähre kommt direkt am eindrucksvollen **Duart Castle** auf seinem Landvorsprung vorbei. Die Burg, die seit dem 14. Jh. mit Unterbrechungen Sitz der Chiefs des Clan MacLean ist, lohnt einen Besuch (Mai–Okt. tgl. 10.30 – 18 Uhr). Wahre Enthusiasten sind von der Schmalspurbahn begeistert, die vom Pier in Craignure die 2 1/2 km lange Strecke zum **Torosay Castle** mit seinen schönen Gärten zurücklegt (Ostern–Okt. tgl. 10.30 bis 17.30 Uhr, Gärten ganzj).

Tobermory besticht mit seinen fröhlich-bunten Häuserfassaden

Hauptort von Mull ist **Tobermory,** eine von mehreren

5
Seite 87

Ansiedlungen, die im 18. Jh. von der „British Fisheries Society" als Fischereihäfen aus dem Boden gestampft wurden. Die bunten Fassaden der Häuser an der Uferstraße sind ein beliebtes Motiv für Fotografen und verleihen dem Ort eine fröhliche Atmosphäre.

TIC,
Main Street,
☎ 0 16 88/30 21 82.

Western Isles Hotel, ☎ 0 16 88/30 20 12, FAX 30 22 97. Am Hügel hinter dem Hafen, bietet das Hotel ein angenehmes Restaurant und Fremdenzimmer mit wunderbarer Aussicht. ($)

Das **Mishnish Hotel,** ☎ 0 16 31/30 20 09, Main Street am Hafen, hat die beste Bar weit und breit, mit Livemusik an Sommerwochenenden.

Von Tobermory aus beschreibt die einspurige Straße B 8073 einen Bogen nach Südwesten, nie weit von der Küste entfernt. Nach unzähligen Kurven mit ständig neuen Ausblicken (z. B. auf Ben More, den höchsten Berg auf Mull, und die vorgelagerte Insel Ulva) trifft sie auf die Straße, die westwärts nach Fionnphort führt. Von dort quert die Fähre (Überfahrt 5 Min.; keine Fahrzeuge) nach Iona.

5
Seite 87

** Iona

Die Insel ist weltweit berühmt als Wiege des schottischen Christentums: Hierher kam St. Columba anno 563 mit seinen irischen Mönchen, um die Pikten zu bekehren. In späteren Jahrhunderten überfielen die Wikinger mehrmals die Insel, doch erst die Enteignung der katholischen Besitzungen im 16. Jh. machte dem Kloster ein Ende.

Von den erhaltenen Gebäuden ist die um 1500 erbaute **Kathedrale** bei weitem das größte. Die meisten dieser Bauten waren zu Beginn unseres Jahrhunderts stark verfallen, ehe die 1938 von Dr. George Macleod gegründete „Iona Community" sie hingebungsvoll restaurierte. Der Friedhof hat für Schotten eine große symbolische Bedeutung. Er war bis ins 11. Jh. Begräbnisstätte der schottischen Königsgeschlechter, und es sollen hier neben sieben norwegischen und vier irischen Königen 48 schottische Herrscher bestattet sein, darunter auch der von Macbeth erschlagene Duncan.

Iona, oder besser gesagt die Klosteranlage, ist im Sommer völlig überlaufen. Wer es kann, sollte darum mit der ersten Morgenfähre (8.45 Uhr) kommen.

Argyll Hotel, auf Iona, ☎ 0 16 81/70 03 34, FAX 70 05 10. Gut beleumundetes Haus und gut, um die Atmosphäre des Ortes in Ruhe zu genießen. ($$)

** Staffa

Von der Anlegestelle werden Bootsausflüge zur Insel mit ihren imposanten Basaltsäulen und der als *Fingal's Cave* bekannten Höhle angeboten. Bildungsbeflissene können sich unterwegs eine Aufnahme von Mendelssohns Opus 26 („Die Fingalshöhle") in den Walkman schieben und Theodor Fontanes ausführliche Beschreibung der Insel in „Jenseits des Tweed" (sic!) vor die Nase halten – aber man sollte sich auch Fontanes Warnung zu Herzen nehmen: „Die Zahl der Seekranken wuchs."

Von den Inseln nach Fort William

Von Fishnish im Nordosten von Mull verkehrt eine Fähre nach Lochaline auf der Halbinsel Morvern (Mo–Sa tagsüber alle 50 Min., So jede Stunde; Überfahrt ca. 15 Min.). Von hier geht die Fahrt durch die Hochlandtäler von Morvern nordwärts bis zum Loch Sunart, an dessen Nordufer man nach Westen abbiegen sollte.

Der erste größere Ort an dieser Strecke heißt **Strontian.** Der Ortsname erinnert nicht nur zufällig an radioaktive Isotope: In den hiesigen Bleiminen wurde

Inverness
Rhum
Mallaig
Hebriden
Cleadale
Arisaig
Loch nan Uamh
Glenfinnan
Spean Bridge
Kinlocheil
Corpach
Lochailort
Ben Nevis
1343
Fort William
Moidart
Sanna Bay
Kilmory
Castle Tioran
Ardnamurchan Point
Strontian
Onich
Sorisdale
Ballachulish
Glen Coe
Bridge of Orchy
Arinagour
Tobermory
Morvern
Loch Linnhe
Portnacroish
Ensay
Dervaig
Lochaline
Treshnish Isles
Salen
Lismore
Craignure
Connel
Staffa
Mull
Duart Castle
Oban
Lochawe
Tyndrum
Dalmally
Kerrera
Kilchrenan
Kilchurn Castle
Iona
Fionnphort
Bunessan
Firth of Lorn
Loch Awe
Argyll
Tarbet
Inveraray
Cararae
Loch Fyne
Kilmartin
Newton
Colonsay
Argyll Wildlife Park
Garelochhead
Scalasaig
Lochgilphead
Ardlussa
Tayvallich
Otter Ferry
Ardrishaig
Greenock
Dunoon
Gourock
Glasgow
Kilmory
Jura
Knapdale
Port Askaig
Feolin Ferry
Tarbert
Millhouse
Sanaigmore
Craighouse
Rothesay
Kennacraig
Bute
Largs
Rhinns of Islay
Islay
Claonaig
Millport
Port Charlotte
Ardtalla
West Kilbride
Port Ellen
Portnahaven
Ardrossan
Kintyre
Arran
Irvine
Carradale
Brodick
Firth of Clyde
N
Machrihanish
Campbeltown
DER SÜDWESTEN
ROUTE 5
0
20 Meilen
0
20 Kilometer
Southend
Mull of Kintyre
Girvan

im 18. Jh. ein neues Mineral entdeckt, aus dem das Element Strontium isoliert wurde. Zu Anfang unseres Jahrhunderts wurde das letzte Bleibergwerk geschlossen, doch jüngst hat man einige Stollen neu eröffnet, um das für die Ölbohrungen in der Nordsee unerlässliche Baryt zu fördern.

Immer am Ufer von Loch Sunart entlang fährt man nun auf die lang gestreckte Halbinsel *Ardnamurchan*. Der einspurige Fahrweg zieht sich ohne besondere Höhepunkte an *Glenborrodale Castle* vorbei. Nachdem ein geheimnisvoller Privatmann das viktorianische Monstrum erwarb, ist es nicht mehr zugänglich.

Aber **Sanna Bay** lohnt die lange Anfahrt. Vom Parkplatz in Sanna kann man an der Küste mit ihren Sandstränden in kleinen Buchten zwischen Felsvorsprüngen und Dünen südwärts bis Portuairk wandern – die 3 km hin und zurück wären ein Spaziergang, wenn es einen besser begehbaren Pfad gäbe. Die überall verstreuten aufgebockten Wohnwagen, die von Einheimischen als Feriendomizil vermietet werden, beeinträchtigen leider das Vergnügen an dieser Landschaft, aber sie bieten zumindest eine erschwingliche Möglichkeit, hier Urlaub zu machen.

5

Seite 87

Ein Bau ganz anderen Zuschnitts als Glenborrodale ist * **Castle Tioram** aus dem 14. Jh., nördlich von Ardnamurchan im Tidebereich des kleinen Loch Moidart gelegen. Bei Ebbe wirkt die Burg im feucht schimmernden Schlick, als wäre sie vor langer Zeit hier angeschwemmt worden, bei Flut ragt sie majestätisch aus dem Wasser empor. Sie konnte nie eingenommen werden, teilweise zerstört wurde sie erst 1715, als der Burgherr sie selbst in Brand steckte, damit sie nicht in die Hände der Campbells fiel, während er und seine Mannen andernorts für die jakobitische Sache fochten. An die Jakobiten wird man auch am **Loch nan Uamh** erinnert, wo Bonnie Prince Charlie im Juli 1745 an Land ging, um bei **Glenfinnan** die Clans zu seinen Fahnen zu rufen. Die begehbare Gedenksäule an der Stelle, wo sich der Blick auf den eindrucksvollen Loch Shiel auftut, ist von der Figur eines Highland-Kriegers gekrönt. Das weitere Schicksal der Region wird aus der Tatsache ersichtlich, dass das Tal von Glenaladale im Jahre 1745 hundert Mann in den Kampf entsenden konnte, während es heute völlig unbewohnt ist. In den Loch nan Uamh lief im September 1746 ein weiteres französisches Schiff ein, um den gescheiterten Prinzen an Bord zu nehmen und außer Landes zu schaffen.

Fort William

Zwar entstand der Ort um die Garnison der Londoner Regierungstruppen, doch das damalige Fort existiert nicht mehr, und der Ort steht heute ganz der Touristeninvasion offen.

Tipp Die Geschichte der Region wird recht anschaulich präsentiert im **West Highland Museum** (🕓 Juni–Sept. Mo bis Sa 10–17, Juli/Aug. auch So ab 14 Uhr; Okt.–Mai Mo–Sa 10–16 Uhr).

Fort William ist das Regionalzentrum von Lochaber und ein Knotenpunkt für den Tourismus: Hier befindet sich die wichtigste Station an der Bahnlinie von Glasgow nach Mallaig (die wunderschöne Strecke bis zur Westküste kann zu bestimmten Zeiten in Zügen mit Dampflok zurückgelegt werden), hier laufen die Hauptstraßen aus den Grampians, aus Inverness und aus dem Nordwesten (Skye und Wester Ross) zusammen, und hier ist der Ausgangspunkt für die Besteigung des höchsten Bergs in Großbritannien, **Ben Nevis** (1344 m). Die Parkplätze am Fuß breiter, ausgetretener Pfade dürfen nicht darüber hinwegtäuschen, dass der Berg seine Tücken hat und nur mit geeigneter Ausrüstung in Angriff genommen werden sollte – immerhin ist die Strecke hin und zurück etwa 18 km lang, und das Wetter ist notorisch unzuverlässig. In der Hauptsaison kann einem der Aufstieg in einer langen Schlange dahinstapfender Menschen wie eine Bußprozession vorkommen, aber alle, die einmal bei gutem Wetter auf dem Gipfel gestanden sind, schwärmen von der Aussicht.

i TIC, Cameron Square, ☏ 01397/703781.

Tipp **Snowgoose Activities,** The Old Smiddy, Station Road, Corpach, Fort William PH337LS, ☏/FAX 01397/772467. Mountainbiketouren in den Highlands, von einfachen Strecken bis zur ernsthaften Herausforderung für Könner.

**Glen Coe

Südlich von Fort William trifft man jenseits der Brücke bei Ballachulish auf das Dorf Glencoe am Eingang zum Tal von Glen Coe, das zu den eindrucksvollsten, dramatischsten und wildromantischsten Landschaften in Schottland zählt. Die Park- und Campingplätze, Besucherzentren usw. können dem Tal nicht seine wuchtige Majestät nehmen. Die steil ansteigende Straße windet sich zwischen zusammenrückenden Felswänden bis auf die weite Hochebene von Rannoch Moor. Im Seitental von Glen Etive kampieren Bergsteiger seit vielen Jahren „wild“, ehe sie z.B. die berühmte Gratwanderung über Aonach Eagach unternehmen – sie eignet sich nur für Erfahrene und Schwindelfreie. Aber auch weniger Wagemutige besuchen das Tal, um den Schauplatz einer berüchtigten Episode schottischer Geschichte in Augenschein zu nehmen.

Tipp Das **Visitor Centre** (🕓 Mai bis Aug. tgl. 9.30–17.30, April/ Sept./Okt. 10–17 Uhr) bringt einem mit allen modernen Mitteln der Technik die Ereignisse des 17. Jhs. nahe (s. S. 90).

Duart Castle auf der Insel Mull

Innenhof der Klosteranlage von Iona

Die Landschaft bei Fort William

5

Seite 87

Das Massaker von Glen Coe

Im Februar 1692 trafen Truppen unter Führung von Robert Campbell of Glenlyon im Glen Coe bei den hiesigen MacDonalds ein und baten unter einem Vorwand um Aufnahme. Die Regierung in London hatte befohlen, an diesem mächtigen und aufsässigen Highland-Clan ein Exempel zu statuieren, und so erhoben sich Campbells Soldaten eines Morgens und töteten 38 Talbewohner, denen es nicht mehr gelang, mit ihren Verwandten in die Berge zu fliehen. Dieser Vorfall schuf viel böses Blut zwischen den MacDonalds und den Campbells und schürte das Misstrauen der Clans gegen die Zentralregierung – viele Highlanders begriffen die 23 Jahre später einsetzenden Jakobitenaufstände auch als Rache für Glen Coe.

Seite 87

Von Glen Coe nach Süden

Hinter Bridge of Orchy biegt die B 8074 nach Dalmally und Loch Awe von der Hauptstraße ab, und von Loch Awe weiter nach Süden geht's rasch Richtung Loch Fyne.

Ardanasaig Hotel bei Kilchrenan, ☎ 0 18 66/83 33 33, FAX 83 32 22. Man muss um die Spitze des Loch Awe herum und lange auf einspurigen Straßen bis ans Westufer fahren. Inmitten schöner Gärten steht das Herrenhaus (1834) am See mit angenehmen Zimmern sowie standesgemäßer Küche. $$

Am Nordwestufer von Loch Fyne liegt **Inveraray**. Der im 18. Jh. angelegte hübsche Ort lebt ganz vom Tourismus, den besonders das gleichzeitig entstandene *Inveraray Castle* anzieht. Der Sitz der Herzöge von Argyll und Chiefs des Clan Campbell beherbergt eine Gemäldesammlung mit Werken von Gainsborough, Ramsay, Raeburn u. a., außerdem üppig ausgestattete Räume (🕓 Juli/Aug. tgl. 10–17.45; April bis Juni u. Sept./Okt. tgl. außer Fr 10–13 u. 14–17.45 Uhr, So nur nachmittags).

TIC, Front Street, ☎ 0 14 99/30 20 63.

Der **Argyll Wildlife Park** südlich von Inveraray an der A 83 (🕓 tgl. ab 10 Uhr) ist zwar im Grunde ein Zoo, doch werden hier vorwiegend einheimische Tierarten in annähernd natürlichem Terrain gehalten. In **Auchindrain** hat man ein Highland-Dorf vor dem Verfall bewahrt und z. T. restauriert, um Touristen die Lebensbedingungen der hiesigen Bevölkerung bis in unser Jahrhundert vor Augen zu führen (Auchindrain Township Open Air Museum: 🕓 April–Sept. tgl. 10 bis 17 Uhr).

Tipp **Brenfield Activity Centre,** Brenfield Farm, Ardrishaig PA30 8ER, ☎ 0 15 46/60 32 74, FAX 60 32 25. Reitunterricht, Ausritte und 5- bzw. 7-tägige Reittouren durch die wunderbare Umgebung (mit vorausgebuchter Unterbringung).

Tayvallich Inn, Tayvallich, ☎ 0 15 46/87 02 82. Abseits des Hauptverkehrs ein wunderbarer Gasthof mit anspruchsvoller Küche in einem netten Küstendorf. $

Immer weiter am schönen Ufer des Loch Fyne geht die Fahrt nach Süden, über Lochgilphead und Tarbert/Knapdale bis auf die Halbinsel **Kintyre,** wo in Kennacraig die Fähre nach Islay übersetzt (tgl. 1–3mal; 2 Std. nach Port Ellen, 1 3/4 Std. nach Port Askaig). Muss oder will man auf den Besuch der Inseln Islay und Jura verzichten, fährt man entweder weiter über Kintyre nach Süden bis Campbeltown und zur Landspitze am Mull of Kintyre, wo man nur noch 20 km von Nordirland entfernt ist. Oder man überquert die Halbinsel direkt nach Osten und nimmt in Claonaig die nächste Fähre zur Insel *Arran*, um endlich bei Glasgow wieder aufs Festland zu gelangen.

Islay und Jura

Bei Port Ellen auf der Insel **Islay** sind die Whisky-Brennereien von *Laphroaig* und *Lagavulin* zu besichtigen – allein schon die Kostproben dieser und fünf weiterer Destillen auf der Insel sind die Reise nach Islay wert. Von der Hauptstraße nach Bowmore geht ein Fahrweg nach *Kintra* ab, wo ein schön gelegener Campingplatz mit einem anständigen Pub/Hotel nebenan und 8 km grandioser Sandstrand warten. Der Golfplatz in den Dünen gilt als besondere Herausforderung.

Im Museumsdorf von Auchindrain

Im Westen von Islay, auf der „Rhinns of Islay“ genannten Halbinsel, liegt der malerische Ort *Port Charlotte* mit dem Museum of Islay Life.

Ausgesprochen empfehlenswert ist das **Port Charlotte Hotel** an der Hauptstraße (☎ 01496/850360, FAX 850361). ($)

Ein kleiner Ausschnitt von Glen Coe

Islay hat eine ganze Reihe vor- und frühgeschichtlicher Stätten aufzuweisen, darunter auch den Steinkreis von Cultoon im Süden der Rhinns und mehrere keltische Kreuze, eines davon steht bei der Kirche von Kilchoman.

Von Port Askaig im Nordosten Islays kann man auf die Insel **Jura** übersetzen (tagsüber durchgehend, außer So; ca. 10 Min.), die anders nicht zu erreichen ist. Die einzige Straße der Insel umrundet die Gebirgslandschaft der Paps of Jura und schlängelt sich die Ostküste entlang nach Norden. Auf der recht großen Insel (sie misst 45 km in der Länge, an der breitesten Stelle 13 km) trifft man kaum einen Menschen. In *Barnhill*, einem abgeschiedenen Farmhaus im Norden, schrieb George Orwell 1947/48 an dem Roman „1984“. Das Haus ist nicht zugänglich, und um es nur von außen zu betrachten, ist der Weg zu beschwerlich.

Und zum Abschluss: Inveraray Castle

5
Seite 87

Abseits der Routen

Schottland wird im vorliegenden Reiseführer entlang sorgfältig gewählter Routen vorgestellt, so dass unter den zahlreichen sehenswerten Gegenden eine gewisse Auswahl getroffen werden musste. Einiges, das einen Besuch ebenso lohnt wie viele der auf den vorangehenden Seiten beschrieben Landschaften und Orte, konnte leider keine Erwähnung finden. Darum folgen hier noch einige Anregungen:

Loch Lomond, Schottlands größter See und eines der beliebtesten Ausflugsziele im Land, erstreckt sich inmitten einer malerischen Gebirgslandschaft 37 km in nordsüdlicher Richtung. Im Süden um die Hauptferienorte Alexandria und Balloch wird so viel Wassersport angeboten, dass der See unter Verschmutzung und Überfüllung leidet. Zu den vielen Urlaubern, die Loch Lomond auf ihrer Schottlandreise besuchen, gesellen sich nämlich Tausende von Tagesausflüglern aus dem nahe gelegenen Glasgow.

Zu den traditionellen Freizeitrevieren um Glasgow gehören ebenfalls die Inseln **Arran** und **Bute** im Firth of Clyde. Die Hauptorte (Lochranza und Brodick auf Arran, Rothesay auf Bute) und die beliebten Küstenstriche werden während der Sommerferien sowie an Wochenenden und Feiertagen sehr viel besucht, aber die schöne Landschaft, besonders abseits der Hauptstraßen, entschädigt für die Schlange am Fährhafen und die endlosen Ferienhaussiedlungen.

Perth zählt zu den bedeutendsten Städten Schottlands und auch zu den schönsten. Die angenehme Lage am Fluss Tey in erreichbarer Nähe der Highlands verbindet sich mit einer schönen Altstadt, gutem Kulturangebot und erstklassigen Einkaufsmöglichkeiten, um Perth höchst attraktiv zu machen. Kein Wunder, dass sie 1990 zur Stadt mit der besten Lebensqualität in Großbritannien erkoren wurde.

Tipp 3 km von Perth entfernt kann man den *Scone Palace* (interessante Ausstellungen) besuchen. In seinem schönen Park mit seltenen alten Bäumen erhob sich einst die Krönungskirche der schottischen Könige, *Scone Abbey,* mit dem berühmten Krönungsstein, der heute in Edinburgh Castle (s. S. 28) aufbewahrt wird.

Blair Castle liegt in den Grampians, nördlich des beliebten Ferienorts Pitlochry, in einem weitläufigen Park. Der Sitz der Herzöge von Atholl beherbergt wertvolle Kunstschätze, aber viele Besucher wollen vorwiegend die Atholl Highlanders in Augenschein nehmen, die letzte legale Privatarmee Großbritanniens.

Orkney umfasst eine Gruppe von etwa 70 Inseln nördlich des schottischen Festlands (zu erreichen mit der Autofähre von Scrabster/Thurso nach Stromness auf der Hauptinsel *Mainland* oder mit dem Flugzeug von Glasgow, Edinburgh, Aberdeen, Inverness und Wick nach Kirkwall, ebenfalls auf Mainland). Neben der spektakulären Lage locken besonders die vielen prähistorischen Stätten: Das grandiose Steinzeitgrab von *Maes Howe* und die Steinkreise von *Brodgar* und *Stenness* sind alle auf Mainland zu finden, ebenso wie die einzigartige Steinzeitsiedlung von *Skara Brae.*

Noch weiter nördlich liegt die Inselgruppe von **Shetland.** Die Hauptinsel heißt ebenfalls *Mainland,* die größte Ortschaft ist Lerwick. Autofähren verkehren von Stromness und Aberdeen. Auch auf den Shetlands existieren faszinierende Zeugnisse früher Menschheitsgeschichte: besonders die bronzezeitliche Siedlung *Jarlshof* auf Mainland und der Broch (Rundturm) auf Mousa.

Praktische Hinweise von A–Z

Ärztliche Versorgung

Kostenlose ärztliche Versorgung bietet der *National Health Service* in Notfällen auch für Touristen. Genaue Informationen geben die Krankenkassen.

Behinderte

Auskunft zu allen Fragen, ein ausführliches Verzeichnis mit Adressen von behindertenfreundlichen Unterkünften, Campingplätzen usw. ist erhältlich bei: *Disability Scotland (Scottish Council on Disability)* Princes House, 5 Shandwick Place, Edinburgh EH2 4RG, ☏ 00 44/131/2 29 86 32, FAX 2 29 51 68, E-Mail: Disability.Scotland@virgin.net, http://www.dis_scot.gcal.ac.uk.

Diplomatische Vertretungen

Generalkonsulat Deutschlands: 16 Eglinton Crescent, Edinburgh EH12 5DG, ☏ 01 31/3 37 23 23, FAX 3 46 15 78.

Konsulat Österreichs: Miller House, 18 South Groathill Ave., Edinburgh EH24LW, 1Q, ☏ 0 131/3 15 60 00, FAX 3 15 61 10.

Generalkonsulat der Schweiz: Portland Tower, Portland Street, Manchester M1 3LF, ☏ 01 61/2 36 29 33, FAX 2 36 46 89.

Einreisebestimmungen

Bürger von EU-Staaten benötigen einen Personalausweis (bei Schweizern die nationale Identitätskarte) oder Reisepass (Stichproben an den Grenzen!). Kinder bis 16 Jahre benötigen keine eigenen Papiere, wenn sie im Ausweis ihrer Eltern eingetragen sind.

Elektrizität

Die Netzspannung beträgt 240 Volt Wechselstrom. Erforderlich ist allerdings ein dreipoliger Adapter.

Feiertage

Neujahr, 2. Jan., Karfreitag, 1. Montag im Mai, letzter Montag im Mai, 1. Montag im Aug., 25., 26., evtl. 27. Dez.

Geld

Währungseinheit ist das Pfund Sterling (£); £1 = 100 Pence. Neben den Noten und Münzen der *Bank of England* sind in Schottland Geldscheine der *Bank of Scotland* und *Royal Bank of Scotland* (anderes Design) in Umlauf. Schottische Geldscheine sollte man am besten noch in Schottland ausgeben. Noten: £1, £5, £10, £20, £50, £100; Münzen: 1 Penny, 2, 5, 10, 20, 50 Pence, £1. Banken sind Mo–Fr mindestens 9.30–12.30 und 13.30 bis 15.30 Uhr auf, manche länger. Kreditkarten werden fast überall akzeptiert.

Information

In *Deutschland* erhält man Auskünfte und Informationsmaterial über Schottland bei der Britischen Zentrale für Fremdenverkehr (BTA), Westend Str. 16–22, 60325 Frankfurt/M., ☏ 0 69/97 11 23, FAX 97 11 24 44; *Österreich:* Britain Information beim British Council, Schenkenstr. 4, A-1010 Wien, ☏ 01/5 33 26 16 81, FAX 5 33 26 16 85. In der *Schweiz* wendet man sich an das Büro der BTA, Limmatquai 78, CH-8001 Zürich, ☏ 01/ 261 42 77, FAX 251 44 56.

Informationen im Internet unter: http://www.visitbritain.com (englisch oder deutsch) und http://www.scotland.org (englischsprachige Links).

Kleidung

Wasserfeste, warme Kleidung braucht man in Schottland zu jeder Jahreszeit. Manche „gehobenen" Restaurants und Hotels erwarten beim Dinner Jackett und Krawatte bzw. Rock oder Kleid.

Maße, Temperatur

Länge
1 inch (in.) = 2,54 cm
1 foot (ft.) = 12 inches = 30,48 cm
1 yard (yd.) = 3 feet = 91,44 cm
1 mile (mi.) = 1,609 km

Volumen
1 gill (gl.) = 0,142 Liter
1 pint (pt.) = 4 gills = 0,568 Liter
1 quart (qt.) = 2 pints = 1,136 Liter
1 gallon (gal.) = 4 quarts = 4,5459 Liter

Gewicht
1 ounce (oz.) = 28,35 g
1 pound (lb.) = 16 ozs. = 453,6 g
1 stone (st.) = 14 lbs. = 6,35 kg
1 quarter (qr.) = 2 sts. = 12,7 kg
1 hundredweight = 4 qrs. = 50,8 kg

Temperatur

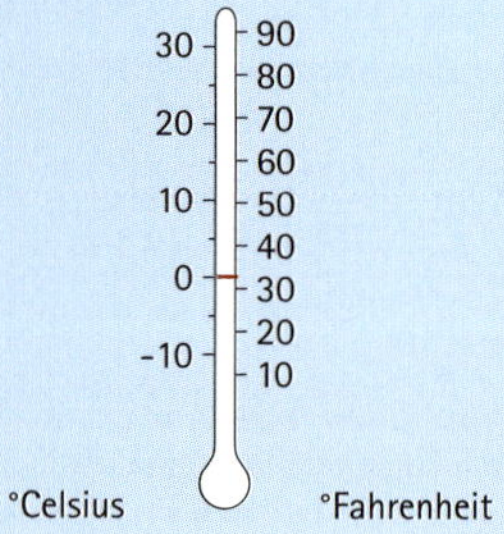

Notruf

Für Polizei *(Police)*, Feuerwehr *(Fire Service)*, Krankenwagen *(Ambulance)*, Küstenwache *(Coastguard)* oder Bergwacht *(Mountain rescue)* gilt die „999".

Post

Postämter sind in der Regel Mo–Fr 9–17.30 Uhr geöffnet, Sa oft bis 13 Uhr. Die *Sub post offices*, d. h. Postschalter in Dorfläden, machen meist über Mittag und an einem Nachmittag in der Woche zu. Derzeit kostet eine Postkarte bzw. ein Standardbrief in EU-Länder 30 Pence.

Straßenverkehr

Bei Pannen wendet man sich an die Hilfsdienste *AA (Automobile Association)* oder *RAC (Royal Automobile Club)*. Pannentelefone gibt es an den Hauptstraßen. Mitglieder von Automobilklubs sollten ihren Ausweis mitbringen (ADAC-Mitglieder können bei Pannen den AA gebührenfrei unter ☎ 08 00/88 77 66 anwählen). Wichtige Verkehrsregeln s. S. 24.

Telefon

Münztelefone funktionieren mit 10, 20 und 50 Pence sowie Einpfundmünzen, Mindesteinwurf 10 Pence. Kartentelefone gibt's fast überall, Karten bei Geschäften mit dem weißgrünen Schild *Phonecard*. Von öffentlichen Telefonzellen sind Fern- und Auslandsgespräche möglich, der Billigtarif gilt wochentags 18–8 Uhr und an Sonn- und Feiertagen. Inlandsauskunft: 192, Auslandsauskunft: 153. Internationale Vorwahlen nach Deutschland: 00 49, Österreich: 0043, in die Schweiz 0041; Schottland (GB) 00 44.

Trinkgeld

Taxifahrer erwarten einen Aufschlag von 10–15 % des Fahrpreises, ebenso Bedienungen in Restaurants, wo auf der Speisekarte *Service NOT included* steht (sonst bleibt das „tip" dem Gast überlassen). Thekenpersonal in Pubs u. ä. bekommt meist kein Trinkgeld. Gepäckträger und Hotelpagen nehmen gern £ 1. Insgesamt ist Schottland kein trinkgeldaufwendiges Reiseland.

Zeit

In Großbritannien muss man die Uhr eine Stunde zurückstellen. Bei Zeitangaben steht oft noch „a. m." (Vormittag) und „p. m." (Nachmittag).

Zoll

Folgende Höchstgrenzen gelten lediglich für Waren aus Nicht-EU-Ländern bzw. für Reisende aus Nicht-EU-Mitgliedsstaaten: 200 Zigaretten oder 250 g Tabak, 1 l alkoholische Getränke über 22 Vol.-% od. 2 l unter 22 Vol.-%, 60 ml Parfüm oder 250 ml Eau de toilette.

Register

Orts- und Sachregister

Personenregister

Bildnachweis

Alle Fotos APA Publications/Bill Wassman außer Bernd Helms: 19/2, 25/4, 27/1, 29, 33/1, 43/1, 53/1, 57/1–2, 65/3, 77/4, 81/1–2; Mauritius/Thonig: Umschlag (Bild); Superbild/Bernd Ducke: Umschlag (Flagge), Bernd Helms (Bild hinten u.).